HISTOIRE GENEALOGIQUE DES FAMILLES

DE

REVILASC.	MERINDOL.
GANDIL.	BAUDET.
FASSION.	YSE.
PRECOMTAL.	LANCELLIN.
SAINT - MARCEL.	LA BAUME-DE-
VAUSERRE.	SUZE.
BARDONNENCHE.	BEAUMONT.)

TROISIEME VOLVME.

Par M. GVY ALLARD, Confeiller du Roy, Prefident en l'Election de Grenoble.

A GRENOBLE,
Chez LAURENS GILIBERT, Imprimeur, &
Libraire, ruë de Bonne, proche les RR. PP. Jefuites.
M. DC. LXXX.

AVEC PRIVILEGE DU ROY.

A MONSEIGNEUR,

MONSEIGNEVR
ANNE-TRISTAN
DE LA
BAUME DE SUZE,

Docteur de Sorbonne, Au-
môrier de Sa Majesté, Evêque de S. Omer.

ONSEIGNEVR,

Ie Vous offre un Livre qui Vous est destiné il y a plus de qua-
ã ij

4

tre ans. Ce fut en ce temps-là que la Genealogie de Voftre liai-
fon fut jointe à celles qui le compofent. Vous eftiez alors nommé à l'Evefché de Tarbes, & ce fut alors que je jugeay avec
tout le monde que Sa Majefté n'en demeureroit pas là, & qu'
Elle donneroit à Voftre Vertu des Dignitez plus élevées &
une place plus avantageufe. Un grand merite comme le Voftre,
& un Efprit auffi éclairé que Vous l'avez, devoient vous af-
franchir de la dure neceffité de paffer vos jours au pied des Pire-
nées, & vous eftes trop propre pour la Cour, pour eftre
relegué en des endroits fi éloignez. Une place frontiere,
une Ville conquife, un Evefché des plus confiderables de ceux
qui font fous la domination de noftre Augufte Monarque, eftoit
deuë à Voftre fidelité, à Voftre conduite & à Voftre pieté. C'eft
par là que Vous devez encore attendre d'autres élevations foit
du cofté de Rome, foit des reconnoiffances de Sa Majefté. J'efpere,
MONSEIGNEUR, qu'en quelque lieu que Vous foyez, Vous
aurez la bonté de Vous reffouvenir, que Vous m'avez promis quelque part dans Voftre affection, & que Vous n'avez pas défaprou-
vé lors que j'ay eu l'honneur de Vous efcrire, que je me fois qualifié avec autant de verité que de refpect,

MONSEIGNEUR,

Voftre tres-humble & tres-
obeïffant ferviteur,
ALLARD.

REVILASC.

D'Argent à un Lyon de Guenles.

ALLIANCES.

AGOUT.	MARTINEL.
BARDONNENCHE.	MONTAUBAN.
BERARD.	PASSEVAL.
BERGIER.	PIERRE.
BONNE.	PILHON.
Du BOURG.	PONNAT.
CHAIX.	RICOZ.
FASSION.	RIPERT.
FLOTTE.	ROUX.
FORETS.	SALIGNON.
GANDIL.	SARRASIN.
GARCIN.	Du THAUC.
GREGOIRE.	La TOUR.
MARTIN.	

ARBRE GENEALOGIQVE.

PREMIERE BRANCHE,

QVI EST CELLE

DE MONTBRAN.

Perron 1415.

Gabriel 1458.	François Ecclef.	Antoine.

Iacques 1473.	Giraud Ecclef.

Claude 1527. Iacomine de Paffeval.	Michel.	Bernard.	Iacobée. François Agout.	Caterine. George Foreft.

Iean 1556. Ieanne Bergier.	Girard, a fait branche.	Michel, Ecclef.	Antoine, Ecclef.	Pierre, Ecclef.	Gafpard, Ecclef.	Claude, Ecclef.

Guy 1580. Laurence Ricoz.	Iean-françois.	Caterine. François du Pithon.

François Diane de Ponnat.	Iean-François.	Gabriel.	Laurence Gafpard. Flotte.

François. Lucrece Berard.	Guillaume.	Noël.	Reynaud. Ecclef.	Loüife. ...... Chaix.	Magdelaine. Charles Roux.

A ij

DEUXIEME BRANCHE,

QUI EST CELLE

DE VEYNES.

Michel 1656.
Marguerite de Pierre.
Caterine de la Tour.

Charles.	Reynaud.	Françoise.	Iean 1598.	Giraud	Ieanne.	Marguerite.
Claude.	Conseiller Claude		Olimpe de	a fait	Iean de	
	au Parlemét. Sarrasin.		Martinel.	branche	Bardonnenche.	

Iacques 1628.	Iean.	François.	Caterine.	Françoise.	Olimpe.	Marguerite.
Lucresse de			Daniel	Enemon	Daniel	Isabeau.
Bonno.			Ripert.	Durbauc.	de Gregoire.	

Pierre.	Charles.	Alexandre.

TROISIEME BRANCHE,

QUI EST CELLE

DE DARNES.

Giraud 1619.
Bonne de Gandil.

Reynaud 1654.	Pierre,	Enemonde,	Philiberte,
Marguerite de Fassion.	Eccl.	Religieuse.	Religieuse.

Iean-François.	Pierre.	I. Bapt.	Françoise.	Alix.	Isabeau.

HISTOIRE

ET

PREUVES.

N tient que cette Famille est descenduë de celle des Colomnes Romains. Jamais possible on n'en a veu aucune divisée en tant de branches qu'elle l'a esté dans les premiers Siecles où elle a parû. Pour éviter la confusion où tant de testes la pouvoient mettre, elle fut obligée de se faire des surnoms differens & de quitter celuy de Revilasc, qui ne fut conservé que de quelques-uns de la Maison. Parpaille, Raynier, & Passaney furent les principaux.

Neantmoins cette diversité n'en fit aucune à la liaison estroite qui estoit parmy ceux de la Famille : & afin que la difference qu'il y avoit de celuy de Revilasc aux autres ne porta aucune alteration à leur descendance & ne persuada au monde qu'ils n'avoient pas une mesme origine; ils s'en expliquerent dans une transaction qu'ils firent entre eux le 22. de Janvier 1378. en ces termes. *Scientes & cognoscentes se descendisse ex uno Cespite & ex duobus fratribus consanguineis & uterinis ex legitimo matrimonio procreatis quorum pater cognominabatur Dominus Revigliasci & de Reviliasco: ex quibus fratribus consanguineis & uterinis nati sunt prædicti condomini Revigliasci ex utreque parente, & eorum prædecessores descenderunt & in tanta multitudine, quorum aliqui cognominantur & cognominabantur tem-*

A iij

*pore quo erant in humanis diversis cognominibus; & aliqui prædicto-
rum Dominiorum appellabantur Guelfi, aliqui Gibelini, & simili modo
prædicti supra nominati descendentes ab iisdem, &c.*

Ce n'est pas que parmy ceux de cette Maison il y en eût
qui portaſſent les ſurnoms de Guelfes & de Gibellins: mais
comme toute l'Italie a eſté diviſée en deux partis, qui eſtoient
ainſi ſurnommez; la prodigieuſe quantité de teſtes qui rem-
pliſſoient la Famille de Revilaſc firent que parmy ces divi-
ſions, il s'en trouva qui ne ſuivirent pas le meſme party. Et
ce n'eſtoit pas une choſe fort extraordinaire de voir des pa-
rens en degré fort éloigné, ſe faire la guerre les uns & les autres, pendant que l'Italie eſtoit ainſi ſoûmiſe aux partialitez
des Guelphes & des Gibelins; puis que le pere & le fils ne
combatoient pas toûjours ſous les meſmes Drapeaux.

Je reviens à la meſme tranſaction de laquelle je m'eſtois
un peu écarté par cette diſgreſſion; & j'y trouve encore ces
termes. *Quia aliqui prædictorum Dominorum cognominantur de
Parpalis, aliqui de Rayneriis & aliqui de Paſſanis omiſſo cognomine
primi eorum anteceſſoris à quo omnes prædicti Domini deſcenderunt;
quod cognomen erat de Reviliaſco ad invicem convenerunt, vel quod,
prædicto cognomine ſcilicet de Revigliaſco quilibet prædictorum Dominorum & ab eodem deſcendentes cognominentur, vel quod addatur
dictis cognominibus dictum cognomen de Revigliaſco, ad hoc & ſciatur
ſemper quod omnes prædicti Domini & ab eiſdem deſcendentes ſunt de
uno & eodem hoſpitio & de uno ſanguine nati.*

On connoît par les clauſes de cette tranſaction, que deux
freres du nom de Revilaſc avoient commencé la diviſion de
cette Famille, qu'elle s'eſtoit eſtenduë en pluſieurs rameaux
par la ſucceſſion du temps, qu'ils s'eſtoient fait d'autres ſurnoms; que neantmoins ils reconnoiſſoient celuy de Revilaſc, comme le principal, & qui avoit eſté celuy de leurs predeceſſeurs. Le meſme acte apprend combien ils eſtoient unis.

Cette union eſt encore vérifiée par une precedéte tranſactió
du 10. de May 1323. dans laquelle on remarque que tous
ceux de la meſme Famille, qui eſtoient Seigneurs de Revi-

lafc, furent confultez, avant qu'un nommé Milet Simeon de
Balbis pût eftre receu parmy les Confeigneurs de Revilafc.

La terre de Revilafc eft en Piemont & de nos jours la
branche de la Famille à qui elle appartenoit s'eftant efteinte,
celles qui font en Dauphiné l'ont pretenduë par un droit de
fubftitution attaché à tous ceux qui portent le mefme nom.

L'Hiftoire de Malthe parle d'un Philippes de Revilafc
Chevalier de l'Ordre de S. Jean de Hierufalem en 1365. lequel aprés avoit fait plufieurs caravanes en faveur de la Religion s'eftoit retiré aux Montagnes d'Auvergne, où il avoit
paffé fes jours comme un Saint & y eftoit mort en cette reputation. Elle parle encore d'un Chevalier Parpaille qui fit des
merveilles au dernier Siege de Malthe. En 1553. il y avoit un
Senateur au Senat de Thurin nommé Mercurin de Revilafc.
Perinet de Revilafc eftoit Confeiller au mefme Senat, environ ce temps-là.

Les Empereurs ont confideré cette Famille & l'ont gatifiée
de plufieurs grands & fpecieux privileges, on en voit des
Bulles de Frederic II. du nom de l'an 1228. de Henry VII.
du nom, de l'an 1310. & le Roy Henry II. s'eftant rendu
Maiftre de la Savoye & du Piemont, il ordonna par fes Lettres du 14. de Juillet 1550. à fon Ambaffadeur à Thurin, en
faveur de cette Famille, que tout ce qui feroit dans les Archives qui pouvoit l'interefler, luy fût communiqué. Enfuite
de ce mandement il en fut fait une procedure par René de
Birague Maiftre des Requeftes du Roy delà les Monts le 8.
d'Aouft fuivant & quelques excraits furent tirez. Je trouve
dans une Requefte prefentée pour ce fujet que la plus grande
partie des titres s'eftoient perdus.

J'ay veu un grand Arbre Genealogique fait en Piemont
qui commence à un Teucy Seigneur de Revilafc vivant environ l'an 1230. Il eut quatre enfans; fçavoir Bertolino, Valfredo, Oberto & Giordano.

Bertolino, continua la branche de Piemont, & de celle-cy,
il s'en forma deux autres dans le mefme pays.

Valfredo n'eut point d'enfans.

Oberto fit branche, qui se termina à la sixiéme genera-
tion.

Giordano, vivoit en 1265. & 1280. Il a esté le chef des
branches de Dauphiné & de celle d'Avignon. Pour venir à
celles de Dauphiné, je diray qu'il eut entr'autres enfans Bonifacio qui vivoit aux années 1318. & 1322. Celuy-
cy eut sept enfans, & parmy eux Avareto parut en 1350. Avareto eut trois enfans, Giacomo fit la branche d'Avignon, Bul-
garino ne laissa pas de posterité & Antonio commença une
autre branche. Il vivoit environ l'an 1380. & laissa pour
fils,

I. Degré.　　PERRON de REVILASC,

Je mets celuy-cy dans un premier degré, quoy que suivant l'ordre de la genealogie Italienne, il en deut faire le 6.
mais, comme c'est luy qui passa en Dauphiné, & que c'est le
premier qui quitta l'Italie & se dépaïsa, j'en fais comme de
l'Autheur d'une Famille & je le plante icy comme le tronc
de celle de Revilasc qui s'est faite Dauphinoise. Il eut trois
enfans,

1. Gabriel, qui suit.
2. François, Prieur & Seigneur d'Aspres au Diocese de
Gap, que je crois la cause du changement de cette branche de Piemont en Dauphiné : car le sejour de ces trois freres
fut au mesme lieu d'Aspres. Ce François fut aussi Seigneur de
Montbran.
3. Antoine.

II. Degré.　　GABRIEL de REVILASC,
*Conseigneur d'Aspres & de Revi-
lasc.*

L'an 1441. fit hommage tant pour luy que pour Antoine
son

fon frere à Loüis Duc de Savoye , pour la portion qu'ils
avoient aux biens de leur Maison situez en Piemont,& prin-
cipalement au Chasteau & Mandement de Revilasc & de la
Comté de Celles , & tous deux font qualifiez fils de Perron.
Dans une revision de feux de l'année 1458. ce Gabriel est mis
au rang des Nobles du lieu d'Aspres. Ce fut luy à qui le Gouverneur de Dauphiné donna la commission pour faire cette
revision. Il fut pere de,

1. Jacques, dont je parleray.

2. Giraud , Prieur & Seigneur d'Aspres,& Seigneur de
Montbran.

JACQUES de REVILASC,
Conseigneur d'Aspres.

III. Degré.

Un Guillaume Aymon du lieu d'Aspres luy fit une dona-
tion le 18. de Janvier 1473. où il est qualifié fils de Noble
Gabriel de Revilasc,Conseigneur de Revilasc au Diocese de
Thurin. Il eut pour enfans,

1. Claude qui aura fon Chapitre.

2. Michel.

3. Bernard.

4. Jacobée , femme de François d'Agout, Seigneur de la *Agout*
Baume des-Arnauds. Ce mary passa quittance de la dot de
Jacobée le penultiéme de Novembre. 1491. à Giraud ou
Girard de Revilasc , Prieur d'Aspres , oncle & tuteur de ses
beaux freres.

5. Caterine alliée à N. George Forest dit Copre, Seigneur *Forest*
de Blacons, habitant à Montbrison au Diocese de Die, lequel
passa aussi quittance de la dot de sa femme le 18. de Decembre 1497. à Claude fon beau-frere. Dans l'acte il est dit
que Jacques pere de sa femme estoit descendu des Seigneurs
de Revilasc en Piemont au Diocese de Thurin.

B

CLAUDE de REVILASC,

IV. Degré.   *Conseigneur d'Aspres & de Chabestan,*

Passe-
val.
Jacomine de Passeval dite de Revilasc fut sa femme. Il parle d'elle dans son testament du 16. de Juin 1527. & y nomme pour ses enfans,

1. Iean, qui a continué,
2. Girard.
3. Michel a fait branche.
4. Antoine, Seigneur & Prieur d'Aspres, & Seigneur d Montbran.
5. Pierre, Prieur de Guillestre.
6. Gaspard, Prieur de la Roche des-Arnauds.
7. Claude, Prieur d'Upaix, & Sacristain d'Aspres.

JEAN de REVILASC

V. Degré.   *Conseigneur de Chabestan,*

Bergier
Transigea avec Girard ou Giraud & Michel ses freres le 24. de Novembre 1556. Où il est dit que Ieanne Bergier estoit sa femme. Elle luy procrea,

1. Guy, dont je feray mention.
2. Iean-François.
Pilhon.
3. Caterine épouse de Noble François du Pilhon.

GUY de REVILASC,

VI. Degré.   *Conseigneur de Chabestan.*

Ricoz.
Son alliance fut avec Laurence Ricoz qu'il épousa l'an 1580. Il en eut,

1. François qui suit.
2. Iean-François.
3. Gabriel.

4. Laurence, femme de N. Gaspard Flotte sieur de la *Flotte.* Gardete.

FRANÇOIS de AREVILASC,

VII. Degré. *Seigneur d'Aspres & de Montbran,*
Mestre de Camp d'un Regiment d'In-
fanterie,

Diane de Ponnat fut sa femme, elle estoit fille de N. Iean *Ponnat* Baptiste de Ponnat Conseiller au Parlement de Grenoble, & de Louïse de Garcin. Il en a eu, *Garcin*

1. François, mentionné cy-aprés.
2. Guillaume.
3. Noël.
4. Reynaud, Prieur de Romete.
5. Louïse, femme de N. Chaix de Cisteron. *Chaix.*
6. Madelaine, alliée à N. Charles Roux sieur de Champ- *Roux.* flory.

FRANÇOIS de REVILASC,

VIII. Degré. II. *du Nom, Seigneur d'Aspres & de*
Montbran, Capitaine de chevaux
legers.

Son alliance est avec Lucresse Berard, fille de N. Antoine *Berard.* Berard & sœur de N. Alexandre Berard Seigneur d'Ilins & de Serpese, Conseiller du Roy & Maistre des Comptes de Dauphiné. Il en a,

1. François de Revilase.

REVILASC DE VEYNES.
II. BRANCHE.

V. Degré.   MICHEL *de* REVILASC,

Pierre. Troisiéme fils de Claude de Revilasc, Conseigneur de Chabestan & de Jacomine de Passeval, prit en premieres nopces & le 21. de Fevrier 1556. Marguerite de Pierre, fille de N. Gaspard de Pierre, Seigneur de Pierre : & en deuxié-
la Tour mes nopces Caterine de la Tour, fille de N. Hugues de la
Martin Tour, Seigneur de Darnes & de Caterine Martin, par con-tract de Mariage du 5 de Juin 1558. Cette derniere femme testa le penultiéme de Janvier 1565. & son mary en fit de mesme le 30. de May 1576. Voicy les enfans qu'il eut,

Du premier lict.

1. Charles.
2. Claude.
3. Reynaud , Conseiller au Parlement de Grenoble ; Prieur de S. Laurent.
Sarra- 4. Françoise, mariée à Noble Claude Sarrasin, Seigneur
sin. de Tresort.

Du deuxiéme lict.

5. Jean a continué.
6. Giraud a fait branche.
Bardo- 7. Jeanne, femme de N. Jean de Bardonenche.
nenche 8. Marguerite.

ii ij.

JEAN *de* REVILASC,
VI. Degré. *Conseigneur de Veynes,*

Contracta mariage le 6. de Juillet 1598. avec Olimpe de Martinel, fille de N. Joseph de Martinel & d'Isabelle de Montauban. Elle testa le 14. du mois de Septembre de l'année 1624. & luy le 13. de Janvier 1641. Voicy leurs enfans.

1. Jacques, qui fera la matiere du degré suivant.
2. Iean, sieur de Mures.
3. François sieur de Rioupes.
4. Caterine, alliée à Noble Daniel de Ripert.
5. Françoise, femme de Noble Enemon du Thauc sieur de Benivent.
6. Olimpe, épouse de Noble Daniel de Gregoire sieur du Bouchet.
7. Marguerite.
8. Isabeau.

JACQUES *de* REVILASC,
VII. Degré. *Conseigneur de Veynes,*

Le 4. du mois de Iuin de l'année 1628. prit pour femme Lucresse de Bonne, fille de N. Iean de Bonne Seigneur & Baron d'Ozé & de Vitrolles, Gouverneur pour le Roy de l'Ambrunois, & de Lucresse Martin de Champoleon. Il a presté homage au Roy Dauphin pour la Conseigneurie de Veynes dans la Chambre des Comptes de Dauphiné le 26. de Fevrier 1647. Il a eu pour enfans,

1. Pietre, Capitaine au Regiment de Navarre.
2. Charles, Mareschal de Logis dans la Compagnie des Mousquetaires.
3. Alexandre.

Et trois autres fils avec plusieurs filles, dont j'ignore les noms.

B iij

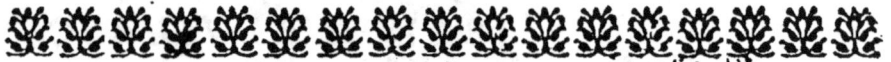

REVILASC DE DARNES.
III. BRANCHE.

VI. Degré.

GIRAUD *ou* GIRARD
de REVILASC, *Seigneur de Darnes,*
Gentil-homme Ordinaire de la Chambre
du Roy , Capitaine d'une Compagnie de
Bandes Corſes, Gouverneur du Chaſteau
Trompete & de celuy de Moras.

Fils de Michel de Revilaſc & de Caterine de la Tour ſa
2. femme, a laiſſé un journal de ſa vie écrit de ſa main, où j'ay
apris qu'il nâquit le 25. de Iuin 1564. qu'il commença l'année 1577. de porter les Armes dans la Compagnie de Iean-
Antoine de Briançon Seigneur de Varce ; fut au ſiege de la
Mure l'an 1580. Sacremoie Meſtre de Cap Italien le mit dans
la Compagnie de Birague ſon couſin l'an 1585. La même année la guerre s'eſtant renouvellée contre les Proteſtans, il ſe
jetta dans le chaſteau de Glandage avec pluſieurs de ſes Amis
pour le conſerver au Roy. Il fut au ſiege de la ville de Monte-
liſmart , & à l'attaque du Moneſtier de Clermont ; où le Marquis de Gordes fut tüé. L'an 1586. il ſe trouva aux ſieges de
Bucoques, de Sou, de Miribel, d'Urre, de Vacheres, & à celuy de Chorges nonobſtant le froid , à la reduction de la citadelle de Valence ; à la priſe de Pierrelongue aux Baronies,
en l'armée de Iarrie où douze cent Enſeignes de Suiſſes furent défaits , au ſiege de Chorges ſous le General la Valette.
Il paſſa en 1587. en garniſon dans la ville de Creſt, de là il fut
combattre à Aoſte contre ceux qui vouloient fortifier cette
Place, & l'an 1588. il ſe rencontra à Romans lors que la Ville s'émeut pour empeſcher la conſtruction d'une Citadelle.

L'an 1589. il servit au secours d'Aubague, à la prise du château d'Yeres, à l'attaque de Romans lors que l'on y mit le pe-
tard, au secours inutile de Grane & au Siege de Grimaud, à
la prise de Fayols en Provence, où il sauva l'honneur à trois
filles de condition qui estoient entre les mains des soldats. En
1590. il parut au secours de Selon, & de Barjoux & à la con-
servation de Draguignan & de Frejus, puis en l'Armée de S.
Genis où se firent plusieurs escarmouches, à la prise de Gi-
vors: & au Siege de Grenoble où il fut blessé. La Valette
voulut qu'il alla servir en Provence où il fut en 1591. & y demeura une année: pendant ce temps, il se signala aux Sieges
de Graveson & de Digne, à l'attaque d'Ailes, au secours du
puy au Blocus de Veynes, à la Bataille de Vignon où le Duc
de la Valette perdit deux Canons le 10. de Decembre 1591.
au Siege de Roquebrune où ce Duc fut tué le 11. de Fevrier
1592. Cette année de Darnes receut des commissions de d'Ornano Gouverneur de Dauphiné, pour deux Compagnies
qu'il fit, & avec lesquelles il joignit l'Armée du Roy à S. Marcellin, & la suivit jusques à la Coste S. André où il eut Ordre
d'aller à Beaurepaire pour y commander, dix Compagnies
outre les siennes. L'an 1594. il alla servir le Roy à S. Genis
pris sur les Savoisins où il commanda dix autres Compagnies sans y comprendre les siennes deux, & cette Place
ayant esté renduë au Duc de Savoye, il en eut les munitions
& les autres débris. Aprés cela il fut à la teste de ses deux
Compagnies, lors que les Villes de Lyon & de Vienne, furent reduites. L'an 1598. il suivit le Mareschal d'Ornano à
la Cour, puis en Guienne en 1660. & le servit judicieusement
& hardiment, dans la querelle que ce Mareschal eut avec le
Duc d'Espernon. Il vit le Siege de Montmeillan, le passage
du Duc de Savoye deça les Monts, le traité de Paix, & le re-
nouvellement de l'alliance avec les Suisses. Le Roy luy donna une Place dans la Ville de Bourdeaux pour y bastir une
maison. En 1605. il fit à pied le voyage de Nostre-Dame de
Lorette, & à son retour il se rendit à Bourdeaux auprés du Ma-

reschal d'Ornano. Il fit divers voyages, pour luy. Ce Mareschal mourut l'an 1610. Le Colonel son fils luy succeda, & de Darnes eut part en son amitié, jusques-là qu'il l'employa pour negocier son mariage avec l'heritiere de Montlor, qui fut fait l'an 1611. Le Prince de Condé fut fait Gouverneur de Guienne & de Darnes fut nommé par le Roy pour commander au chasteau Trompete. Il y fut visité par ce Prince & prié d'assurer le Roy de sa fidelité. De Darnes demeura dans cette place jusques en 1615. Il avoit precedemment esté Gouverneur de la Citadelle du Saint Esprit. La mesme année le Colonel d'Ornano luy donna une Compagnie de vieilles Bandes Corses. Le Mareschal d'Espernon pretendit qu'il se devoit reconnoistre comme son Colonel, le Roy declara par son jugement qu'il l'en exemptoit. Aprés cela sa Majesté luy donna le gouvernement de Moras en Dauphiné où il mena ses Corses, & garda cette Place pour le service du Roy, jusques à ce qu'elle fut rasée : mais le débris luy en fut donné & mesme le canon. Il mourut en 1650. aprés avoir fait son testament le 6. de Ianvier de la mesme année. Il avoit épousé le 26. de May 1629. Bonne de Gandil, fille de Noble François de Gandil, & d'Ennemonde du Bourg. Il a laissé,

Gandil du Bourg.

1. Reynaud, qui suit.

2. Pierre, sieur de Colomne, qui pendant plusieurs années a servy le Roy dans ses Armées avec beaucoup de reputation. Il a fait une heureuse & devote retraite dans l'Ordre de Prêstrise, & est aujourd'huy Prieur de S. Laurent de Grenoble.

3. Enemonde, Religieuse au Monastere de la Visitation de Sainte Marie dans la Ville de Grenoble

4. Philiberte, Religieuse au mesme endroit.

REYNAUD

REYNAUD *de* REVILASC,
Seigneur de Darnes, Capitaine au Regiment de Dauphiné, puis Conseiller au Parlement de Grenoble,

VII. Degré.

A fait plusieurs Campagnes & s'est fait connoistre avec honneur, soit en Catalogne, en Piemont & en Flandres. Il fut dangereusement blessé au Siege de Rose. Il a contracté mariage le 28. d'Octobre 1654. avec Marguerite de Fassion, fille unique de Noble Bertrand de Fassion, Seigneur de Crusille, & de Claudine de Salignon. Il est entré dans une Charge de Conseiller au Parlement de Grenoble l'an 1670. Il a pour enfans,

1. Iean-François.
2. Pierre.
3. Iean-Baptiste.
4. Françoise.
5. Alix.
6. Isabeau.

C

GANDIL.

D'Azur à un baston mis en fasce d'Argent traversé par les boucles de trois Grillets d'Or, au Chef d'Argent.

ALLIANCES.

Dv BOURG.	PASCAL.
CHIVALET.	PROST.
COLOMB.	REVILASC.
DENYS.	ROCHEVIEILLE.
FAURE.	VAUX.
FONTAYNE.	VELHEU.
MARTEL.	VIENNOIS.

ARBRE GENEALOGIQVE.

Antoine 1436.
Ieanne de la Fontayne.

Pierre.   Claude 1461.   Charles.

Charles 1505.   Enemond.
Claudine Colomb.   Loüise de Vaux.

Antoine. Philibert 1540. Loüis.   Marguerite.
          Iacquete de Chivalet.   Pierre Proſt.

Florie 1572.   Leonard.   Guillaume,   Bartelemy.   Claudine.
Bonne Paſcal.   Eccleſ.   Charles Faure.

François 1630.   Antoine.   Ieanne,
Enemonde du Bourg.   Claude
                                  Denys.

Iean-François.   Bonne-Marguerite.
                      Girard de Revilaſc.

HISTOIRE
ET
PREUVES.

N O u s n'avons plus personne de la Famille de Gandil. Ses biens ont passé en celle de Revilasc. Elle habitoit dans le lieu de Genas en Viennois, du Diocese de Lyon.

I. *Degré.* ANTOINE *de* GANDIL.

Vivoit l'année 1436. comme il se justifie par un Terrier du Roy de ce temps-là. Il eut pour femme Jeanne de la Fontaine de Bourcieu, laquelle aprés la mort de son mary fit dresser l'inventaire des biens qu'il avoit délaissez le penultiéme de Janvier 1458. Elle luy avoit procreé, *Fontai-ne.*

1. Pierre.
2. Claude a continué.
3. Charles.

II. *Degré.* CLAUDE *de* GANDIL.

Le 25. du mois d'Avril 1462. acquit d'Antoine de Poisieu Archevesque de Vienne, quelques eaux au lieu de Genas, & dans l'acte, il est qualifié Demoiseau. Luy & ses deux freres sont compris parmy les Nobles des Parroisses d'Azieu & de

Genas, dans une revision de feux de l'année 1473. J'ay veu
des reconnoissances passées en faveur de Pierre & de Claude
l'an 1496. où il est dit expressément que les choses reconnuës
l'avoient esté autrefois en faveur d'Antoine de Gandil leur
pere. Ce Claude acquit du Dauphin Loüis, la jurisdiction de
la Maison-Forte de Gandil & les eaux voisines, avec le droit
d'emprisonner hommes & bestiaux , par Lettres de l'année
1461. je n'ay pas sçeu qu'elle fut sa femme. Voicy les enfans;

    1. Charles, dont je parleray.

    2. Enemond, allié à Loüise de Vaux, fille de N. Aynard de
Vaux. Vaux & de Jeanne Veilheu.
Veilheu.

CHARLES de GANDIL,

      IIII. Degré.   *Seigneur de la Maison-Forte de*
                           Gandil & de celle de Berein.

Colomb Claudine Colomb fut sa femme, elle estoit fille de N. Pierre Colomb de la Coste S. André & de Jeanne......... cette
alliance est justifiée par une quittance que Loüis de Poisieu
Seigneur de Pusignan , passa à cette Claudine estant vefve
de ce Charles de Gandil le 6. de Fevrier 1505. où elle est
nommée, mere & tutrice de,

    1. Antoine.

    2. Philibert qui suit.

    3. Loüis.

Prost.   4. Marguerite, femme de Noble Pierre Prost.

PHILIBERT de GANDIL,

      IV. Degré.   *Seigneur des Maisons-Fortes de Gandil*
                      & de Berein , Capitaine d'Anthon.

Chiva- Jacquette de Chivalet, fille de N. Gaspard de Chivalet, Sei-
let. gneur de la Maison-Forte de Chamon & de Guilemette de
Martel Martel fut sa femme ; c'est ce qui se tire du testament de ce
Gaspard de Chivalet de l'année 1549. J'ay veu des reconnois-
                                        sances

fances en faveur du mefme Philibert de l'année 1524. où il
eft dit que l'on en avoit paffé de femblables à Charles de
Gandil fon pere. Il eut pour enfans,

1. Flory, qui fera mentionné à la fuite.
2. Leonard.
3. Guillaume, Chanoine à S. Chef.
4. Bartelemy.
5. Claudine, mariée le 11. d'Aouft 1594. à N. Charles
Faure fieur de Beuffieres. *Faure.*

FLORY de GANDIL,
Seigneur des Maifons-Fortes de
Gandil & de Berein.

V. Degré.

Le 22. de May 1572. Claudine de Gandil fa fœur luy paffa une quittance de fa loyale efcheute dans les biens de Philibert leur pere. Il eut pour femme Bonne Pafcal, fille de N. *Pafcal.*
Iean Pafcal Seigneur du Colombier, & de Cecile de Vien- *Viennois.*
nois. Il fit fon teftament le 25. de Janvier 1575. & fa vefve
fit le fien le 29. d'Octobre 1614. luy ayant furvefcu de prés
de 40. ans. Ils eurent pour enfans,

1. François, dont je feray mention.
2. Antoine.
3. Ieanne, époufe de Noble Claude Denys fieur de Cafe- *Denys.*
neuve.

FRANCOIS de GANDIL,
Seigneur des Maifons-Fortes de
Gandil & de Berein.

[*VI. Degré.*

Son alliance a efté avec Enemonde du Bourg, fille de N *Du Bourg.*
Claude du Bourg fieur de Cefarges & d'Antoinette de Roche- *Rochevieille.*
vieille; laquelle tefta le 21. d'Aouft 1630. & luy en fit autant
le 9. d'Aouft 1639. Ils eurent pour enfans,

1. Iean-François, lequel eft mort fans avoir efté marié.
2. Bonne-Marguerite, femme de Noble Girard de Revi- *Revilafc.*
lafc, fieur de Darne.

SALIGNON.

D'Azur au Chevron party d'Or & d'Argent.

ALLIANCES.

AROES.	FASSION.
BEAUMONT.	LATTIER.
BERGIER.	MONDRAGON.
BOOSOZEL.	LA PORTE.
BRESSIEU.	ROSSET.
CHABOUD.	THEYS.
CHASTELARD.	VACHON.

Innocent 1446.
Ieanne de la Porte.

Michel.   Iean 1504.
       Françoise de
       Chastelard.

Claude 1544.	Pierre.	Bartelemy.	Iean.
Antoinette	Françoise	Ecclef.	Ieanne de
de Bocfozel.	d'Arces.		Beaumont.

Claude 1588.	Encmond.	Florie.	Marie.	Icanne.
Loüife de Roffer.		Claude	Relig.	Relig.
		Bergicr.		

Françoife,	Loüife.	Bartelemy.	Iean 1593.	Thomas.	Aynard, François, Claudine,
			Marguerite	Marguerite	Relig.
			de Môdragon.	de Theys.	

	Claudine.		Françoife.	Andrée.
	Bertrand de		François	Antoine
	Faffion.		de Chaboud.	de Lattier.

HISTOIRE

ET

PREUVES.

CETTE Famille eſt eſteinte. Elle eſtoit originaire de Salins dans la Comté de Bourgogne. Elle a premierement parû au Mandement de la Coſte S. André, puis dans le Bourg de Tullin. Je n'ay veu aucuns titres qui m'ayent appris quels eſtoient les anceſtres de Nobles Innocent & Pierre de Salignon qui vivoient en 1440. & eſtoient freres.

I. Degré. INNOCENT de SALIGNON.

Le 20. du mois d'Avril de l'année 1446. contracta mariage avec Jeanne de la Porte , fille de N. Humbert de la Porte *La Porte.* du lieu d'Eydoche, & le meſme jour Pierre de Salignon ſon frere épouſa Angletine de la Porte, fille du meſme Humbert. Innocent laiſſa deux fils,

1. Michel, qui vivoit en 1517. je n'ay pas ſceu ſa poſterité.

2. Iean a continué.

II. Degré. IEAN de SALIGNON.

Par le teſtament de Noble Claude de Chaſtelar du lieu *Chaſtelar.*

de Hauterive de l'ânée 1504.j'apprens que parmy les enfans
Pref. *sieu.* qu'il avoit eus de Louïse de Bressieu sa femme,il y avoit Françoise de Chastelard,qu'il nomme femme de ce N.Iean de Sa-
lignon.Celuy-cy eut pour enfans,

1. Claude qui suit.

2. Pierre à qui le Roy Louïs XII. laissa le Gouvernement
de Bayonne auprés des Pirénées contre l'Espagne. Ce ne fut
pas le seul Dauphinois à qui sa Majesté confia la garde de
ses Places frontieres. Imbert de Baternay eut celle du Mont
S. Michel contre l'Angleterre, Claude d'Urre celle de la
Buissiere contre la Savoye, Gabriel de Berenger, celle de
Briançon sur la Mer Meditetanée aux Costes de Provence,
Aymar de Poitiers Seigneur de S. Vallier, celles de Nostre-
Dame de la Garde & de la Tour de saint Iean de Marseille,
Iean de Galle, celle d'Exiles du costé de l'Italie, & Antoine
de Goefrey celle d'Aussonne contre la Franche-Comté.C'est
ce que rapporte Monsieur Expilly au Supplement de l'Hi-
stoire du Chevalier Bayard. Ce Pierre de Salignon eut pour
Arces. femme Françoise d'Arces, côme il se justifie par un homage
qu'elle rendit au Dauphin, estant vesve, le 9. de Novembre
1541. Ie n'ay pas sceu qu'ils ayent laissé des enfans,

3. Barthelemy, Prieur de Chasteau-Double, Vicaire de
l'Evesché de Valence & Abbé de saint Felix.

Beau- *mont.* 4. Iean, eut pour femme Ieanne de Beaumont, fille
de Humbert de Beaumont Seigneur de Hautichamp.Elle en
estoit vesve en 1562.

III. Degré.   CLAUDE *de* SALIGNON.

Bocso- *zel.* Eut pour femme Antoinette de Bocsozel, laquelle testa,
estant vesve le 19. de Mars 1544. Voicy leurs enfans,

1. Claude, mentionné cy-aprés.

2. Enemond.

Bergier 3. Florie, alliée à N. Claude Bergier du lieu de saint Genis en Savoye.

4. Marie, Abbeſſe du Monaſtere de Bellevive,
5. Ieanne, Religieuſe à la Deſerte à Lyon.

CLAUDE *de* SALIGNON,

IV. Degré.   II. *du Nom, Sieur de Cruſille.*

Son alliance fut avec Loüiſe de Roſſet, laquelle luy ſur- *Roſſet.*
vécut & teſta le 12. de Mars 1588. Voicy les enfans qu'elle luy
procrea,

1. Barthelemy.
2. Iean, aura ſon chapitre.
3. Thomas de Salignon, ſieur de là Buiſſonniere, eut
pour femme Marguerite de Theys, & pour toute poſterité *Theyt.*
deux filles ; ſçavoir Françoiſe de Salignon mariée le 5. de
May 1611. avec N. François de Chaboud, & Andrée de Sa- *Cha-*
lignon alliée le 10. de Iuin 1620. avec N. Antoine de Lattier *boud.* *Lattier*
Seigneur d'Ourcinas & de Bayane. François de Chaboud
eſtoit fils de Pierre de Chaboud, & d'Aymare de Moreton.
Et de cette Alliance il a eu Antoine de Chaboud ſieur de
Nantoüin, marié avec Anne Rivail de Blanicu. Pierre de
Chaboud vivoit l'année 1577. Il eut un frere nommé Ennemond, qui épouſa Anne de Briançon, & fut pere d'Eſter
de Chaboud, alliée par mariage à N. François de Chamberan. La Famille de Chaboud porte pour Armoiries, *d'Azur*
à la Croix d'Or au Chef couſu de Gueules, chargé de trois Roſes
d'Argent.
4. Aynard.
5. François, ſieur de Roſſet.
6. Claudine, Abbeſſe du Monaſtere de ſainte Claire de la
Ville de Vienne.
7. Françoiſe.
8. Loüiſe.

E

IEAN *de* SALIGNON,

V. Degré.   II. *du Nom, Sieur de Crusille,*

Mon- Fit certaines conventions le 29. de Novembre 1593. avec
dragon. Thomas & François ses freres. Il contracta mariage le 23. de
Vachon May 1603. avec Margüerite de Mondragon, fille de N. Antoine de Mondragon Seigneur de la Serra & de Clemence
Vachon. Il en a eu,

Fassion 1. Claudine de Salignon, mariée le 6. de Iuin 1632. avec
N. Bertrand de Fassion, Seigneur de saint Jayme.

FASSION.

De Gueules à la Croix d'Or quantornée en Chef de deux Eſtoiles de même, & en pointe de deux Roſes d'Argent.

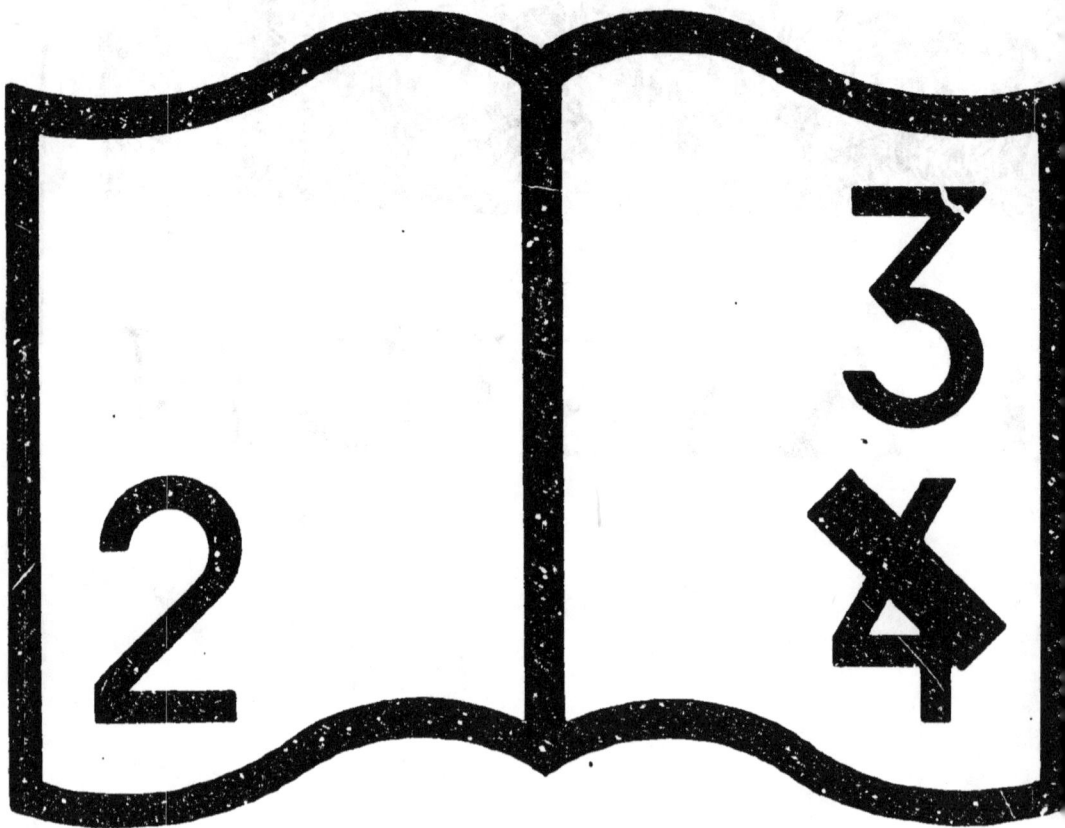

Pagination incorrecte — date incorrecte

NF Z 43-120-12

ALLIANCES.

BARNIOL.
BERNARD.
BOUCHEROLLES.
BRUYERE.
CHAMBERAN.
CHAPUIS.
COGNOZ.
La COLOMBIERE.
CORMOZ.
La COUR.
EXPILLY.
GARCIN.
GILLIERS.
GUILLERME.
GUILLERMIER.
HANUEL.
LANGON.
LATTIER.
MARC.
MARIN.
MARTEL.
MAUGIRON.

MEERIE.
MONIER.
MONDRAGON.
MONTFORT.
Du MOTTET.
ONCIEU.
ORIGRINE.
PECOAT.
PIERREGOURDE.
PONNAT.
REVEL.
REVILASC.
RIVAIL.
SALIGNON.
SIGAUD.
STUART.
TABERNIER.
TOLIGNAN.
VACHON.
VAROE.
VEYER.

ARBRE GENEALOGIQVE.

PREMIERE BRANCHE,

QVI EST CELLE

DE SAINTE-IAY.

Guigues 1394.

Pierre 1490.   Aymare,
Falcoz Rivail.

Gillet 1451.
Bonnefille Guillerme.

Falcoz 1496.	Pierre,	Guillaume,	Ieanne.
Caterine de Chamberan.	Ecclef.	a fait branche.	George Lattier.
Loüife Garcin.			
Marguerite Rivail.			

Gafpard 1531.	Philibert,	Caterine,	Marguerite.
Caterine Veyer.	a fait branche.	Nicolas de Langon.	Iean Cormoz.

Nicolas.	Iean 1554.	Claude.	Ioffrey.	Loüife.	Ieanne.	Marguerite.
	Enemonde Marc.			Pierre de		Philibert de Revel.
				la Meerle.		Antoine de Montfort.

Gafpard 1591.	Aymar.	Falcoz.	Gabriel.	Ieanne.	Antoinette.	Caterine.
Marguerite du motet.						André d. Bernard

Claude 1617.	Charles,	Charles-Antoine 1631.	Bertrand 1632.	Iean-Charles,
Gafparde Expilly.	Chevalier	Anne Vachon.	Claudine de	
	de S. Iean.		Salignon.	

Loüis.	Charles,	Claude,	Ioseph.	Antoinette,
Françoife-Loüife	Chevalier	Chevalier		Relig.
de Maugiron.	de S. Iean.	de S. Iean.		

E ij

DEUXIEME BRANCHE,

QUI EST CELLE

DE MANTONNE.

Guillaume 1515.
Loüise d'Oncieu.

Estienne 1556.
Loüise Guillermier.

Guigues.   Marguerite.
            Pierre de Ponnat.

TROISIEME ET QUATRIEME BRANCHES,

QUI SONT CELLES

DE CHATONAY ET DE ROYBONS.

Iacques 1560.
Gabrielle de Boucherolle.

Pierre 1592.   Claude.
Caterine Origrine.   a fait
              branche.

Pierre. Daniel. François 1629. Mathieu.   François.
         Loüise Peccat. Jeanne Marin. Pierre Barniol.

Denys. Iacques. Marguerite. Pierre. Daniel. Iacob. Mathieu. Ieantc. Ortigoz.
                                      Loüise.

CINQUIEME BRANCHE,

QUI EST CELLE

DE ROYBONS.

Claude 1595.
Claudine Tabernier.
Claudine de S·gaud.

Baltesard 1631.	Jean.
Anne Monier	
de Rochechinard.	

Baltesard.	Imberte.	Renée.
	Humbert de	
	Montdragon.	

HISTOIRE

ET

PREUVES.

ILLENEUVE de Roybons, que l'on dit
aujourd'huy communement Roybons, est un
petit Bourg clos de mutailles dans le Bailliage
de Saint Marcellin, fondé par Humbert dernier Dauphin de Viennois, sous le nom de Villeneufve; comme il se justifie par les privileges que ce Prince luy accorda lors de sa fondation, qui sont
dans la Chambre des Comptes de Dauphiné. C'est dans ce
lieu que je trouve les premiers de la Famille de Fassion qui
me soient connus: il y en reste mesme encore quelques Branches. Son nom est Facion en quelques titres, & Fassion en
d'autres.

I. Degré.   GUIGUES de FASSION,

Vivoit environ l'an 1394. comme il se justifie par le contract de mariage de sa fille, où il se trouva present. Je n'ay pas
sceu le nom de sa femme; voicy ses enfans,

1. Pierre qui suit.
2. Aymare contracta mariage le mois d'Avril de l'année
1394. avec N. Falcoz Rivail, en presence de son pere &
de son frere nommé

Rivail.

II. Degré.   PIERRE de FASSION,

Qui le 28. de Decembre 1400. fit passer plusieurs reconnoissances en sa faveur. Je n'ay pas appris quelle fut sa femme. Il fut pere de

III. Degré.   GILLET de FASSION,

Qualifié fils de Pierre de Fassion dans son contract de mariage du 9. de May 1451. passé avec Bonnefille Guillerme,
fille de N. Estienne Guillerme du lieu de Chasteauneuf de
Lalbenc. Il fut compris parmi les Nobles de Dauphiné dans
une revision de feux de l'année 1458, & dans un Roolle
d'Arriereban de l'année 1474. Il eut pour enfans,

*Guiller-
me.*

1. Falcoz dont je parleray.
2. Pierre, Religieux du Monastere de l'Isle-Barbe auprés
de Lyon, duquel Monsieur le Laboureur ancien Prevost de
ce Monastere parle dans son ouvrage qu'il a intitulé, *les ma-
zures de l'Isle-Barbe*, & le met aprés l'année 1502.
3. Guillaume a fait branche.
4. Ieanne fut femme de N. George Lattier.

Lattier.

IV. Degré.   FALCOS de FASSION,

Celui-cy eut trois femmes, La premiere eut nom Caterine
de Chamberan ; ce qui se justifie par une enqueste de Noblesse faite en 1605. au nom de Charles de Fassion l'un de
ses arrierefils, pour estre receu dans l'Ordre de Malthe. La
deuxieme femme fut appellée Loüise de Garcin ; la preuve
se tire d'une transaction faite entre trois des enfans de son
mary en 1532, & la troisieme femme fut Marguerite Rivail,
qu'il épousa au mois de Decemb. de l'année 1531. Elle estoit
vefve de N. Jean Veyer du lieu de S. Jean de Royans. Elle
mourut deux mois aprés. Falcoz eut pour enfans,

*Cham-
beran.*

Garcin.

Rivail.

Veyer.

Du premier lict.

1. Gaspard, qui suivra.
2. Philibert, qui eut un fils nommé Jacques, par lequel je commenceray la troisieme branche.
3. Jeanne, mariée à N. Nicolas de Langon. *Langon*

Du deuxiéme lict.

4. Marguerite, femme de N. Jean de Cormoz du lieu de *Cormoz.* Serre, laquelle transigea avec Gaspard & Philibert ses fre-res le 11. d'Avril 1542.

V. Degré.   GASPARD de FASSION.

Contracta mariage le dernier du mois d'Octobre de l'an-née 1531. avec Caterine Veyer, fille de Noble Jean Veyer, *Veyer.* & de Marguerite Rivail; ainsi le pere & le fils épouserent la *Rivail.* mere & la fille. L'an 1542. luy & son frere Philibert donne-rent le dénombrement de leurs biens Nobles pour en faire homage au Roy Dauphin. Il en fit un avec sa femme l'an 1543. Il testa le 23. de Septemb. 1557. & laissa pour enfans,
1. Nicolas.
2. Jean, aura son chapitre.
3. Claude.
4. Ioffrey.
5. Loüise, alliée à N. Pierre de la Meerie. *Meerie.*
6. Ieanne.
7. Marguerite, mariée en premieres Nopces à N. Phili-*Revel.* bert de Revel, & en deuxiemes à N. Antoine de Montfort, du *Mótfort.* lieu d'Arzey mandement des Coranes.

VI. Degré. IEAN de FASSION,
Seigneur de Sainte-Iay,

Contracta mariage le 9. de Ianvier 1554. avec Enemonde
Marc. Marc, fille de N. Ican-Antoine Marc, Seigneur de S. Iayme
Toligny. & de Brion, & de Madelaine de Tolignan. Il fit son testament le 19. d'Aoust 1580. Il se trouva en diverses rencontres
où il signala son zele en faveur du Roy contre les protestans,
sur tout à Crest & à Valance. Il eut pour successeurs,

1. Gaspard, qui sera mentionné à la suite.
2. Aymar.
3. Falcoz.
4. Gabriel.
Ber- 5. Caterine, Epouse de N. André Bernard.
nard. 6. Ieanne.
7. Antoinette.

VII. Degré. GASPARD de FASSION,
II. *du Nom, Seigneur de Sainte-*
Iay, de Brion, & de Saint-
Iayme.

Par contract de mariage du 11. d'Aoust 1591. prit pour
du Mo- femme Marguerite du Motet, fille de N. Charles du Motet,
tet. Seigneur de Champier & de Nantuin, & d'Alix Stuard.
Stuard. Ces deux mariez firent un testament reciproque le 13. de
Septembre 1631. par lequel j'apprens qu'ils avoient pour
enfans,

1. Claude, Seigneur de Brion, Advocat general, puis
President au Parlement de Grenoble, lequel épousa le 22.
Expilly de May 1617. Gasparde Expilly, fille unique du celebre Clau-
de Expilly, President au mesme Parlement, & d'Izabeau de
Bonne- Bonneton. Il n'a point laissé d'enfans, & est decedé l'an
ton. 1630.

2. Charles, receu Chevalier de l'Ordre de Saint Jean de Hierufalem en 1605. a efté Maréchal de l'Ordre, Ambaffadeur du Grand-Maiftre à Rome pour prêter l'Obediance filiale au Pape Innocent X. Il fut tué l'an 1638. dans un combat donné contre l'Admiral d'Alger où il eftoit General des Galeres. *Salignt Mondragon. Revilafc*

3. Charles-Antoine, a continué.

4. Bertrand, Seigneur de S. Jayme, qui eut pour femme Claudine de Salignon, fille unique de Noble Jean de Salignon, fieur de Cruzille, & de Marguerite de Mondragon. Il l'époufa le 6. de Juin 1632. Il en eut une fille nommée Marguerite, laquelle a pour mary N. Renaud de Revilafc, Seigneur de Darnes, Confellier au Parlement de Grenoble.

5. Jean-Charles eft mort en Piémont commandant une Compagnie au Regiment de Sault.

CHARLES-ANTOINE de FASSION, *Seigneur de Sainte-Iay & de Brion,*

VIII. Degré.

S'eft fignalé aux guerres de Gennes, & particulierement au fiege de Gavy. Le 6. de Decemb. 1631. il époufa Anne de Vachon, fille de N. Artus de Vachon, Seigneur de Belmont & de la Roche, & d'Antoinette de Cognoz. Il eft vivant en 1672. & j'ay apris de luy qu'il a pour enfans, *Vachō Cognoz*

1. Loüis, à qui je donneray un chapitre.

2. Charles, Chevalier de l'Ordre de Saint Jean de Hierufalem.

3. Claude, Chevalier du mefme Ordre.

4. Jofeph.

5. Antoinette, Religieufe au Monaftere des-Ayes.

LOUIS de FASSION,

IX. Degré.

Marié avec Françoife-Silvie de Maugiron, fille de Loüis de *Maugiron.*

Maugiron , Seigneur de Varaſſieu , du Molard & de Plans,
Conſeiller du Roy, Baillif du Viennois,& Maréchal de Camp
Pierre- aux Armées du Roy, & de Loüiſe de Pierregourde.
gourde.

FASSION MANTONNE.
II. BRANCHE.

IV. Degré. **GUILLAUME** *de* **FASSION ,**
Sieur de Mantonne ,

Fils puiſné de Gillet de Faſſion, & de Bonne-fille Guiller-
Oncieu me , eut pour femme Loüiſe d'Oncieu , laquelle luy ayant
Martel. ſurvécu , prit pour deuxieme mary Noble George Martel.
Ce Guillaume de Faſſion teſta le 4. de May 1525. & laiſſa,

V. Degré. **ESTIENNE** *de* **FASSION,**
Sieur de Mantonne.

Le lieu de ſaint Eſtienne de ſaint Geoirs fut celuy de ſon
habitation. Il ſe trouva à la bataille de Cerizoles en 1543. où
le Comte d'Anguien défit le Marquis du Gaſt. Il eſtoit dans
les Troupes de Boutieres , Lieutenant de Roy en Piémont,
qui commandoit l'avant-garde compoſée de 5000. hommes
de pied François,ſous le vaillant de Theys, de 200. chevaux
legers ſous la charge de Termes Colonel general de la Cavalerie legere, & de la Compagnie des Gens-d'armes du même
Boutieres , qui eſtoit compoſée de 80. hommes. Le 30. de Juillet 1556. cét Eſtienne eſtant dans ſa maiſon , fit ſon teſtament , par lequel j'apprens qu'il avoit eu pour femme Loüiſe
Guiller- Guillermier,laquelle avoit teſté le 23. d'Avril 1555.Ils eurent
mier. pour enfans,

1. Guigues, qui mourut sans posterité.
2. Marguerite eut pour mary Noble Pierre de Ponnat, *Ponnas* Seigneur de S. Egreve, qu'elle épousa le 29. de May 1565. Elle a testé le 7. de Novembre 1611.

FASSION DE CHATONAY.
III. BRANCHE.

VI. Degré. JACQUES de FASSION.

J'ay dit dans le quatrieme degré de la premiere branche que Philibert de Fassion eut un fils nommé Jacques; c'est celuy par qui je commence cette branche: le mesme Philibert en eut un autre nommé Claude, qui s'allia avec Claudine Varce, fille de Noble Claude Varce du lieu de Montmirail. *Varce.* C'est ce qui se tire d'un contract de cession fait par ce Jacques de Fassion, & par Gabrielle de Boucherelles mariez, le 24. *Bouche-* de Mars 1561. à ce Claude frere de Iacques, & à cette *rolles.* Claudine Varce, qualifiez aussi mariez. L'alliance faite par Iacques avec la Boucherolles, se tire de leur contract de mariage du 7. de Iuillet 1560. Elle est nommée fille de Noble Guillaume, Seigneur de Boucherolles au Diocese du Puy, & sœur de Sebastien. Quant à Iacques il y est dit fils de Philibert. Il eut pour enfans,
1. Pierre, qui suit.
2. Claude, a fait branche.

VII. Degré. PIERRE de FASSION,

Contracta mariage le 17. de Novemb. 1592. avec Caterine Origrine. Gabrielle Boucherolles, mere de l'Epoux, & *Origri-* Claude son frere y intervinrent. Il predeceda sa femme, la- *ne.*

G

quelle en qualité de vefve fit proceder à une nomination de tuteur pour fes enfans par des procedures des 13. & 22. Iuillet 1604.. Voicy le nom de fes enfans.

1. Pierre.
2. Daniel.
3. François, aura fon chapitre.
4. Mathieu, a fait branche.
5. *Barniol* Françoife, Epoufe de noble Pierre Barniol.

VIII. Degré. FRANCOIS *de* FASSION,
Sieur de la Baſtie de Chaſtonay.

Peccat. Son alliance fut avec Loüife Peccat, fille de noble André
Cha. Peccat, & de Marguerite Chapuis, qu'il époufa le 27.
puis. de Mars 1629. Il fit fon teftament le 17. de Iuin. 1643. & laiſſa,

1. Denis.
2. Iacques.
3. Marguerite.

FASSION DE ROYBONS.
IV. BRANCHE.

VIII. Degré.. MATHIEU *de* FASSION,

Fils puifné de Pierre de Faffion & de Caterine Origrine,
Marin. prit pour femme Ieanne Marin, fille de noble Daniel Marin du lieu de faint Chriftophle de Chaſtonay, par contract de mariage du 4. de Decembre 1623. Il a fait fon teftament le 28. de Decembre 1640. où il nomme pour fes enfans,

1. Pierre, dont je parleray.
2. Daniel.

3. Jacob.
4. Mathieu.
5. Jeanne.
6. Orbigaz.
7. Loüise.

IX. *Degré.*   PIERRE de FASSION,

A contracté mariage le 25. de Juin 1646. avec Loüise de Giliers, fille de N. Alexandre de Giliers, sieur de Ruynel, *Giliers.* & d'Elizabeth d'Hanuel.   *Hanuel*

FASSION LA FORTVNIERE.
V. BRANCHE

VII. *Degré.*   CLAUDE de FASSION,

Fils puisné de Jacques de Fassion, & de Gabrielle de Boucherolles, ainsi qualifié dans son contract de mariage du 3. de Decembre 1595. passé avec Claudine Tabernier, fille de *Tabernier.* Noble Pierre Tabernier, sieur de la Ciserane du lieu de Penod, & d'Ozaine de la Colombiere. Il a testé le 2. de Novembre 1624. Il fait mention de Claudine de Sigaud sa deuxieme femme, laquelle estoit fille de Noble André de Sigaud, *Sigaud.* sieur du Palaix, & d'Antoinette de la Cour. Il eut, *la Cour.*   *Colombiere.*

Du premier lict,

1. Baltesard, qui suit.

Du deuxieme lict,

2. Jean.

G.

VIII. Degré.   **BALTESAR de FASSION,**
Sieur de la Fortuniere,

Epoufa le 6. de Juillet 1631. Anne Monier de Rochechi-
nard, fille de Noble Roman Monier, Seigneur de Rochechi-
nard, & d'Imberte de Bruyere. Il a fait fon teftament le 7.
de Juin 1638. & a laiffé,

1. Baltefard.
2. Imberte, femme de N. Humbert de Mondragon.
3. Renée.

Monier.

Bruye-
re.

Mon-
dragon.

PRACOMTAL.

D'Or au Chef d'Azur, chargé de trois Fleurs de Lys du champ.

ALLIANCES.

AROD.	MAISON-NEUVE.
BEAUMONT.	MONS.
BOLOGNE.	ODOARD.
CHAMBAUTAN.	PENCHINA.
CLARET.	PRACOMTAL.
CLAVESON.	LA RODE.
CRUAS.	ROUX.
DARBON.	SICCARD.
ESPINE.	VAUSECHE.
LHERE.	

ARBRE GENEALOGIQVE.

Guillaume 1306.
Labiefte de Cruas.

Roftaing 1345.   Pons.
Alix de Chambautan.

Bartelemy.
Amoroffe Odoard 1370.

Ferrand 1390.   Roftaing 1410.
                Marg. de Beaumont

Guigard 1443.
Beatrix de la Rode.

Ferrand 1497.   Bartelemy. Imbert. Armand, Ioffrey. Marguerite. Gabrielle
Claudine de l'Efpine.   /Antoine   Millet de
                                                   :Darbon.   Bologne.

Humbert 1539.   Antoine, Nicolas, Guillaume-Mathieu. Ieanne. Caterine.
Marguerite de l'Here. Ecclef. Moine.   ......
                                                           Penchina.

Antoine.   Claude. Iean 1575.   Marguerite.
                   Claudine Roux.

Antoine 1615.   Loüife. Ieanne. Genevieve.
Magdelaine de   Iean de   Alain de Mons
Siccard.   Clayefon.

Henry 1644.   Pierre-André. Eftienne. Marie.
Claudine Arod.

Armand.   Ieanne-Vrfule.

HISTOIRE

ET

PREUVES.

Ly a eu dans la Ville de Montellimart deux branches de cette Famille; sçavoir celle d'Anconne &
celle de Château-Sublieres.   Cette derniere est
éteinte; l'autre y habite encore. Il y en a eu une troisiéme en Bourgogne, qui est tombée en quenoüille; c'estoit
celle du Baron du Souset; & il y en a une quatriéme dans la
basse Normandie, qui a donné des Gouverneurs au Mont S.
Michel.

Guillaume de Pracomtal fit son testament le 6. d'Avril
1302. & fit heritier son neveu nommé comme luy.

I. Degré.．   GUILLAUME de PRACOMTAL,

Qui contracta mariage l'an 1306. avec Labieste de Cruas, *Cruas.*
& fit son testament l'an 1360. Il laissa pour ses heritiers,
   1. Rostaing, qui suit.
   2. Pons.

    II. Degré.   ROSTAING de PRACOMTAL,

Fit alliance par mariage avec Alix de Chambautan l'an *Cham-*
1345. & eut pour fils,   *bautan;*

III. *Degré.*   BARTHELEMY *de* PRACOMTAL,

Odoard   Dont la femme fut Amorofle Odoard, qu'il époufa l'an 1370. & en eut pour enfans,

1. Ferrand, qui fit paffer plufieurs reconnoiffances en fa faveur l'an 1390.

2. Roftaing, fuivra.

IV. *Degré.*   ROSTAING *de* PRACOMTAL, II. *du Nom,*

Qui prit pour femme Marguerite de Beaumont, fille de N. Humbert de Beaumont, Seigneur de la Baitie Rolland, qui luy procrea,

V. *Degré.*   GUIGARD *de* PRACOMTAL, *Seigneur d'Anconne.*

Le Dauphin Loüis, fils du Roy Charles V I I. eftant en Dauphiné, où il caufa les defordres dont je parleray ailleurs, fit une échange le 23. de Mars de l'année 1443. avec Guigard de Pracomtal de la Terre d'Anconne auprés de Montel-limart, que ce Prince luy donna, contre une maifon que Gui-gard avoit dans la Ville de Valance, qui eftoit fi belle que l'on l'appelloit communément le Palais. Elle ne perdit pas fon nom, car le Dauphin l'employa pour y mettre la Sené-chauflée du Valantinois, & en fit prendre poffeffion pour ce fujet à Rolland Guillon, qui en eftoit Vicenechal, le 17. d'A-vril 1454. Guigard prit poffeffion de la Terre d'Anconne le 21. de Juillet fuivant. La Senéchauflée de Valance a efté de-puis tranfportée à Creft, & à fa place on a mis un Prefidial qui occupe la mefme maifon. Guigard demeuroit alors dans la Ville de Montellimart, qui n'eft pas fort éloignée du lieu

la Rode d'Anconne, & fa pofterité a fuivy fon exemple. Il époufa le penul-

penultiéme du mois de Ianvier 1449. Beattix dé la Rode , *la Rode*
fille de N. Armand de la Rode du Diocese de Nyce, en presence d'Antoine de Tholon Seigneur de sainte Jalle, Aubert
de Chasteauneuf Seigneur Ducros, Jean de Chasteauneuf
son fils Seigneur de Chaudenac, Jean de Gaste Seigneur
de Thonneins, Pons du Fayet, Guigard de Rostier , & Michel Dupré , tous Nobles. Dans une revision de feux de
l'année 1475. Guigard de Pracomtal se trouve au rang des
Nobles d'Anconne. Il fit son testament estant fort âgé, le
dernier de Fevrier 1497. & ordonna qu'il fut enterré dans
l'Eglise de sainte Croix de Montellimart. Il y nomme pour
ses enfans ,

1. Ferrand , qui suit.
2. Barthelemy , se signala lors de la guerre de Naples.
3. Imbert , en fit autant.
4. Armand.
5. Joffrey.
6. Marguerite, mariée à N. Antoine Darbon. *Darbon*
7. Gabrielle, alliée à noble Millet de Bologne, Seigneur *Bologne.*
d'Alanson.

VI. Degré. FERRAND de PRACOMTAL,
II. *du Nom , Seigneur d'Anconne.*

Claudine de l'Espine fut sa femme. Elle estoit fille de N. *Espine.*
Alzear de l'Espine, Seigneur d'Aulanc, & de Loüise de Pracomtal. Il testa le 5. de Juillet 1516. fait executeurs Michel
de l'Espine, Seigneur d'Aulanc son beau-frere, Michel de
Pracomtal , Seigneur de Chasteau-Sublieres, oncle mater- *Pracom-*
nel de sa femme, & Claude de Bologne son neveu, fils de *tal.*
Michel de Bologne son beau frere. Voicy ses enfans.

1. Humbert , qui a continué.
2. Antoine, Prestre habitué en l'Eglise Collegiale de sainte Croix de Montellimart , puis Doyen de la mesme
Eglise.

H

3. Nicolas, Moine.
4. Guillaume.
5. Mathieu.
6. Jeanne, femme de N. .... Penchina.
7. Caterine.

Penchi-
na.

VII. Degré.

HUMBERT de PRACOMTAL,
Seigneur d'Anconne, Capitaine de
trois cent hommes de pied,

Contracta mariage le premier du mois de Fevrier 1539. avec Marguerite de Lhere, fille de N. Hugues de Lhere, Seigneur de Glandage, & de Marguerite Claret, & sœur de N. Claude de Lhere, Seigneur de Glandage. Il fit homage de sa Terre d'Anconne au Roy Dauphin dans la Chambre des Comptes de Dauphiné le 9. de Septembre 1541. Il testa le 22. de Iuin 1544. declara qu'il vouloit estre enterré dans la Chapelle de Ste Caterine en l'Eglise de sainte Croix, où Ferrand son pere estoit enterré, dit qu'il faisoit son testamét parce qu'il estoit prest de se mettre en mer pour aller en Corsegue ou ailleurs, suivant les Ordres du Roy, estant Capitaine en chef de 300. hommes de pied, & nomma pour ses enfans,

Lhere.
Claret.

1. Antoine, qui fut son heritier, & comme il fut un des Gentilshommes de son temps qui parut le mieux, & qui fit plus long-temps la guerre, il acquit une grande reputation. On l'appelloit ordinairement le Capitaine Anconne, & c'est luy qui fit la plaisante Devise de sa Maison, PAR TOUT VIT ANCONNE. Il est renômé dans l'Histoire des guerres civiles du dernier siécle. Il se signala à la Bataille de Iarnac. Il commanda long-temps dans Angoulesme, & mourut sans avoir esté marié.
2. Claude.
3. Iean a continué.
4. Marguerite.

VIII. Degré.   IEAN *de* PRACOMTAL,
Seigneur d'Anconne.

Passa ses jeunes ans sur la mer & dans les Vaisseaux du Capitaine Paulin. Se trouva à la premiere prise de la Ville de Montellimart où il fut blessé ; contribua par sa valeur à ce que cette Ville fut ostée aux Protestans qui la reprirent ensuite, & obligerent Pracomtal de se retirer en son Château d'Anconne où il fut assiegé par Lesdiguieres, & y fut tué combattant genereusement.

Il avoit pris pour femme Claudine ROUX le 21. d'Aoust *Roux.* 1575. Il testa le 4. de Iuin 1581. laissant pour enfans,

1. Antoine, qui aura son chapitre.
2. Louïse, femme de N. Claude de Claveson.   *Claveson.*
3. Ieanne.
4. Geneviéve, alliée à N. Alain de Mons, Seigneur de *Mons.* Savasse.

ANTOINE *de* PRACOMTAL,
IX. Degré.   *Seigneur d'Anconne & de Château-Sablieres.*

Son alliance a esté avec Madelaine de Siccard de Cublezes, fille de N. Gilbert de Siccard, sieur de Gimar, & de *Siccard* Ieanne de Vauseche de la Tourrete, par contract de maria- *Vause-* ge du troisiéme de Mars 1615. en presence de Nobles Gil- *che.* bert de Vauseche, Seigneur & Baron de la Tourrete, oncle de l'Epousée, & François Coloneau du lieu de Montefon. La Maison de Vauseche est alliée à celle de Ioyeuse. Antoine a fait son testament le 16. d'Aoust 1630. & a laissé,

1. Henry, dont je parleray.
2. Pierre - André, Lieutenant Colonel au Regiment Lyonnois, tué devant la Ville de Dole en 1668. lors que nôtre invincible Monarque y porta la terreur de ses armes, nonobstant l'incommodité de l'hyver, & conquit en moins de

quinze jours toute la Comté de Bourgogne.

3. Estienne, Capitaine au Regiment de Vantadour, fut blessé au siege de Rosset, & tué portant les armes pour lo service du Roy.

4. Marie.

HENRY de PRACOMTAL,
Seigneur d'Anconne, Capitaine du Regiment de Rossillon.

X. Degré.

Le 5. du mois de Mars 1644. a épousé Claudine Arod, fille de N. Antoine Arod, Seigneur de Senevas & de saint Romain en Jarest, & de Jeanne de Maison ‑ seule. Elle a eu pour frere un Ambassadeur extraordinaire pour le Roy, & pour enfans,

Arod. Maisseule.

1. Armand, Capitaine au Regiment Lyonnois; a long-temps servy dans l'armée navalle.

2. Ieanne-Ursule.

SAINT-MARCEL.

D'Argent à l'Aigle d'Azur accompagné en pointe de 3. Losanges de Sable, 2. & 1. & une bourdure engrelée de Gueules.

De Gueules à trois Chevrons d'Argent au chef d'Or.

I.

Le premier Ecuſſon qui eſt à la teſte de cette Genealogie
eſt celuy de la branche de Vauſſerre, & l'autre de celle
d'Ẽ ranſon.

ALLIANCES.

ACTUYER.	MORGES.
ALLEMAN.	OUROIERES.
ARMUET.	PORTIER.
COMBOUROIER.	RAME.
FLEARD.	SABRAN.
La FONT.	SAINTE-COLOMBE.
GRIMALDI.	SALVAING.
GRUEL.	SIMIANE.
MEUILLON.	VEYNES.

ARBRE GENEALOGIQVE.

PREMIERE BRANCHE,

QVI EST CELLE

DE VAUSSERRE.

Giraud I. 1202.

Lantelme I. 1143.

Lantelme II. 1281.
Agnés . . . . . .

Giraud II. 1300.   Ifuard.

Guillaume I. 1333.   Lantelme.

Guillaume II. 1352.   Lantelme   Giraud.   Iean,
Dragonette de Veynes.   a fait
                                       branche.

Iean I.   Loüis I. 1378.

Alfeard 1417.   Iean II. 1394.   François.   Mateline,
                                               Loüife de Meüillon.

          Loüis II. 1419.   Yoland,
                                   Iean de Sabran.

          Iean III

Caterine,   Marguerite,   Alix.
Claude Gruel.   Gafpard de Rane.

          I ij

DEUXIE'ME BRANCHE,

QUI EST CELLE

D'AVANSON.

Lantelme III. 1350.

Lantelme IV. 1376. Giraud. Raybaud a
                              continué fous
                              le nom de
                              Vausserre.

Humbert I.   Odon.   Loüis.

Humbert II. 1390.   Beatrix.
                        Raymon de
                        la Font.

George I. 1411.

Humbert III.

George II. 1508.   Claude.   Gabrielle.   Anne,
Sufanne Portier.   Ecclef.   George de   Claude
Claudine de Morges.   Sainte Colombe.   d'Ourcieres.

Iéan III. 1555   François,   Hugues,   Ieanne.   Antoinette,
Philipine Alleman.   Evêque de   Ecclef.   Iean de Salvaing.   Relig.
                        Grenoble.

Laurent   Guillaume,   Hugues,   Loüife.   Françoife,
         Archevêque   Ecclef.   Iean Fleard.   Loüis Aimuet.
         d'Ambrun.   Baltefard de Combourcier.

Iean IV.   Anne.
         Baltefard.
         Raymbaud de Simiane.

HISTOIRE

ET

PREUVES.

ES Montagnes de Dauphiné avoient produit cette famille : Son premier nom a esté
celuy de Saint-Marcel ; mais ayant acquis
la Terre de Vausserre le nom de cette Terre luy fut long-temps commun avec l'autre,
& mesme pendant plusieurs années elle
abandonna le premier.

Deux branches reprirent celuy de Saint-Marcel & une
troisiéme a continué de se surnommer de Vausserre, c'est ce
qui m'a obligé de faire deux Genealogies d'une mesme famille, l'une sous le nom de Saint-Marcel qui est celle cy, &
l'autre sous celuy de Vausserre qui suivra.

GIRAVD de SAINT-MARCEL

I. Degré.

Antoine de Ruffi dans l'Histoire des Comtes de Provence
page 139. 140. & 141. met tout au long un acte qui con-
tient certaines conventions faites au mois de Iuin de l'année
1202. entre Guillaume Comte de Forcalquier & le Dauphin fils de Beatrix Duchesse de Bourgogne Comtesse d'Albon & de Vienne ; où Forcalquier après avoir donné sa niep-
ce en mariage au Dauphin luy constituë sa dot. Parmy les
témoins on trouve ce Giraud de Saint-Marcel, avec Ar-

I iij

naud Flotte , Falcon de Veynes, Iſnard d'Arzeliers, Lauglet
de Pierre , Iſoard de Pellaſol , Raïmbaud de Calme , Pierre
Motet, Pierre Rambaud , Iacques Borel , & pluſieurs autres
Gentil-hommes de Dauphiné. Ce Giraud de Saint-Marcel
eut pour fils,

II. Degré.　　　**L A N T E L M E** *de* **SAINT-**
　　　　　　　　　M A R C E L *Chevalier Con-*
　　　　　　　　　ſeigneur de Iarjaye,

Que je trouve teſmoin dans un acte de 1243. où la qualité de Chevalier luy eſt donnée ; je ne le fais fils de Giraud
que par l'ordre du temps auquel il vivoit, & par la meſme
raiſon je crois qu'il fuſt pere de,

III. Degré.　　　**L A N T E L M E** *de* **SAINT-**
　　　　　　　　　M A R C E L *ou de Vauſſerre, II. du*
　　　　　　　　　Nom,Seigneur de Vauſſerre & d'A-
　　　　　　　　　vanſon,& Conſeigneur de Iarjaye.

Celuy-cy a eſté le premier qui a pris le ſurnom de Vauſſerre,parce qu'il en avoit acquis la Terre;& ſous ce nom il fit un
accord le 4. des Kal. de Mars de l'an 1281. avec un Moudon
Albert Chevalier, ſur des differens qu'ils avoient enſemble
pour la chaſſe & qui furent terminez par l'entremiſe d'Odon
de Rame , & de Guilaume Oger Conſeigneur d'Oze Chevalier. Dans un contract de vente que le meſme Lantelme paſſa
avec Agnés ſa femme le 23. de Novembre 1296.de quelques
biens à Puiſſanieres, il ſe ſurnomme de Saint-Marcel. Il eut
pour enfans,
　1 Giraud qui ſuit.
　2. Iſnard de Vauſſerre vivant l'an 1334.

IV. Degré.　　　**G I R A V D** *de* **V A V S S E R R E**
　　　　　　　　　III. du Nom,Seigneur de Vauſſerre &
　　　　　　　　　d'Avanſon,& Conſeigneur de Iarjayes

Ie n'ay point trouvé d'acte où celuy-cy ait pris le surnom de Saint-Marcel; il fut present dans une transaction du 5. de Septembre 1300. faite entre le Dauphin & l'Evêque de Gap, pour des droits Seigneuriaux; il y a beaucoup d'autres témoins comme Guigues Alleman Seigneur de Vaubonnois, Alleman du puy Seigneur de Relhanete, Guillaume Artaud Seigneur de Glandage, Reynaud de Montauban Seigneur de Montmaur, Guillaume de Baratier Seigneur de Melue. La femme de ce Giraud ne m'est pas connuë, il eut pour enfans,

1 Guillaume dont ié parleray.

2. Lantelme dit le vieux Seigneur d'Avanson rendit homage de cette terre l'an 1334.

GVILLAUME de VAUSSERRE *Seigneur de Vausserre, & Conseigneur de Iarjaye.*

V. Degré.

Le 11. de Septembre 1333. il vendit à Lantelme de Vausserre son frere tout ce qu'il avoit en la Conseigneurie de Iarjaye. Dans l'acte il est qualifié fils de Giraud de Vausserre. Cette Terre fut demandée au nom du Dauphin, pour droit de prelation, par Pierre de Pain-Chaud Chevalier qui s'en départit à la fin, & Lantelme la donna à Guillaume son neveu. Celuy-cy eut,

1. Guillaume qui a continué.

2. Lantelme a fait branche.

3. Giraud & Jean dónerent leur bien à Guillaume leur frere qui s'en fit investir par le Dauphin le 2. de Iuin 1335.

4 Jean dont ie viens de parler.

GVILLAVME de VAVSSERRE II. *du Nom, Chevalier Seigneur de Vausserre.*

VI. Degré.

Son alliance fut avec Dragonete de Veynes fille de N. *Veynes.*

Guigues de Veynes & d'Aixerande, il rendit homage pour
Vaulferre le 21. du mois d'Aouft de l'année 1352. au Dauphin Charles de France. Il eut pour enfans,

1. Jean de Vaulferre Seigneur de Vaulferre, qui laiffa pour
fils Alzear de Saint-Marcel Seigneur de Vaulferre, qui prefta
homage de cette terre le 15. de Iulliet 1417. Il mourut fans
poftérité.

2. Loüis, aura fon chapitre.

LOUIS *de* VAUSSERRE *ou de* SAINT-MARCEL,
VII. Degré.
Seigneur de Vaulferre & de Piegu.

Dans un homage que rendit au Roy Dauphin, Aixerande femme de Guigues de Veynes, le 9. du mois d'Avril 1378.
il eft parlé de ce Loüis furnommé de Vaulferre & qualifié
fils de Guillaume de Vaulferre Seigneur de Vaulferre, & de
Dragonette de Veynes fille de cette Aixerande. Il rendit homage le 1. du mois de Decembre de l'année 1365. fous le furnom de Saint-Marcel qu'il avoit deja repris, & ce fut pour la
terre de Vaulferre. Il tefta l'an 1390. & le 12. de Mars où il
prit auffi le furnom de Saint-Marcel. Craveta dans fes Confeils & Monfieur Expilly dans fes Arrefts parlent de ce Loüis
de Saint-Marcel. Ils font mention de fon Teftament, & difent
qu'il eut pour enfans,

1. Jean qui mourut fans poftérité.
2. François qui l'a continuée.
3. Mateline.

FRANCOIS *de* SAINT-MARCEL *Seigneur de*
VIII. Degré.
Vaulferre & de Piegu.

Le chapitre 5. des Arrefts de Mᵉ Expilly dit qu'il eftoit fils
de Loüis, & que Jean eftoit fon frere. Je trouve un homage
à la

en la Chambre des Comptes de Dauphiné presté par ce Jean
qualifié fils & heritier de Loüis, du 28 de Ianvier 1394. à la
suite duquel on lit que Loüis de Saint-Marcel son pere Seigneur de Vausserre en avoit rendu un le premier de Decembre 1365. où il declara de tenir du Dauphin la terre de Vausserre, comme Guillaume de Vausserre son pere l'avoit tenuë.
Il y a aussi l'enonciative de l'homage rendu par ce Guillaume
le 21. d'Aoust 1352. On voit par là que les vns ont pris le surnom de Vausserre & les autres celuy de Saint-Marcel, & que
la preuve est certaine que c'est une mesme famille; je l'esta-
bliray encore aussi fortement dans la branche d'Avanson.
François frere de ce Jean & qui fait la matiere de ce degré fit
homage au Dauphin de la mesme terre de Vausserre le 14. du
mois d'Aoust de l'année 1421, Dans l'acte il est fait mention
de Jean son frere mort sans enfans. Mr Expilly au mesme
endroit dit que François laissa pour fils Loüis, & je trouve
ailleurs qu'il eut pour fille Yoland. Sa femme eut nom Loüise
de Meüillon, fille de Guillaume de Meüillon Senéchal de   *Meüil-*
Baucaire, & de Loüise de Grimaldi.   *lon.*

1. Loüis sera mentionné à la suite.   *Grimal-*
2. Yoland mariée à N. Jean de Sabran le 9. de Ianvier *di.*
1444. en presence de Loüis son frere.   *Sabran.*

IX. degré.   LOUIS *de* SAINT-
MARCEL *II. du Nom, Seig-*
neur de Vausserre & de Piegu,

Suivit le Dauphin Loüis en Savoye, & en Flandres. Ce
Prince l'avoit en quelque consideration, parce qu'il luy estoit
obligé; car ce fut luy qui l'avertit du dessein que Charles
son pere avoit pris de se saisir de sa personne lors qu'il se retira
en Dauphiné. Saint-Marcel estoit alors à Paris où il playdoit
contre George de Saint-Marcel Seigneur d'Avanson, J'ay
veu quelque procedures de ce proces. On tient que parmy
les gentils-hommes de Dauphiné qui se signalerent à la ba.

K

taille d'Anton', celuy-cy en fut un. Elle se donna en 1429.
Raoul de Gaucourt gouverneur de Dauphiné commandoit
noftre armée & défit le Prince d'Orange qui se sauva sur un
cheval auquel il fit paffer le Rofne. J'en ay parlé ailleurs. Louïs
de Saint-Marcel eut pour fils suivant le mefme Mr Expilly,

X. *Degré.*   JEAN *de* SAINT-MARCEL
              Seigneur de Vaufferre & de Piegu.

Je n'ay pas fceu fon alliance: mais j'aprends dans le chapitre
des Arrefts de Mr Expilly que j'ay deja cité, qu'il laiffa trois
filles.

Cruel.   1. Caterine femme de N. Claude Cruel Seigneur de Laborel.

Rame.   2. Marguerite alliée à N. Gafpar de Rame Seigneur de Sa-
vines, des Crottes & de Puyffannieres.

        3. Alix.

SAINT-MARCEL
D'AVANSON.
II. BRANCHE.

VI. *Degré.*   LANTELME *de* VAVSSERRE
              Seigneur d'Avanfon III. du Nom,

Fils puifné de Guillaume de Vaufferre premier du nom. Le
14. de May 1338. Guillaume de Vaufferre fon frere luy vendit la Confeigneurie de Jarjaye que fon oncle luy avoit donnée; comme auffi tout ce qui eftoit compris dans la donation
faite à ce mefme Guillaume, par Giraud & Jean de Vaufferre

ſes autres freres;Guillaume y eſt qualifié fils d'autre Guillaume
& petit fils de Giraud. Ce Lantelme 3. rendit homage de ſa
terre d'Avanſon le 16. de Mars 1350. au Dauphin Charles.
I'ay apris que ſes enfans furent

1. Lantelme dont je parleray.
2. Giraud Conſeigneur de Jarjaye & d'Avanſon.
3. Raybaud qui a continué la famille ſous le nom de Vauſſerre. I'en ay fait une Genealogie ſeparée.

LANTELME *de* **SAINT-**
MARCEL, *Chevalier IV. du*
VII. Degré *nom , Seigneur d'Avanſon.*

Voicy le premier de cette branche qui a repris le ſurnom
de S.-Marcel. Il eſt ainſi ſurnommé dans l'homage qu'il rendit au Dauphin pour la Seigneurie d'Avanſon ou Laual d'A-
vanſon le 18. de Iuin 1376. Il eut pour enfans,

1. Humbert qui mourut ſans poſterité.
2. Odon a continué.
3. Loüis Conſeigneur d'Avanſon..

VIII. Degré **ODON** *de* **SAINT MARCEL,**
Seigneur d'Avanſon,

Ne ſurveſcut gueres ſon pere, & laiſſa pour enfans,
1. Humbert qui fera la matiere du degré ſuivant.
2. Beatrix qualifiée fille d'Odon de Saint-Marcel Seigneur
d'Avanſon , dans ſon contract de mariage du 10. de May
1387. paſſé avec N. Raymon de la Font Conſeigneur de Savi- *la Font.*
nes, en preſence de N. Humbert de Saint-Marcel ſon oncle,
nommé fils de Lantelme de Saint-Marcel.

H U M B E R T *de* **SAINT-**
MARCEL, *premier du Nom, Seigneur*
IX. Degré *d'Avanſon & de Saint Eſtienne,*

Dans un homage qu'il rendit le 1. de Juin 1390. il est dit
qu'il estoit fils d'Odon de Saint-Marcel, petit fils de Lantelme
de Saint-Marcel, & arriere fils d'autre Lantelme de Vaussere;
que son bisayeul rendit homage l'an 1350. que Lantelme son
ayeul en fit autant l'an 1376. Ce seul acte qui est dans la
Chambre des Comptes de Dauphiné, prouve clairement que
Vaussere & Saint-Marcel est une mesme maison, & ont sem-
blable origine. Humbert rendit un autre homage le 26. de
Novembre 1413. où il parle de Lantelme son ayeul. Il eut
pour fils;

GEORGE de SAINT-MARCEL

X. Degré.   *premier du Nom, Seigneur de Laval*
d'Avanson & de Saint Estienne.

Monsieur le President Expilly en l'endroit que j'ay déja
cité dit que ce George fut fils de Humbert; ce qui se justifie
encore par un homage qu'il rendit le 14 d'Aoust 1421 où il
est qualifié Seigneur d'Avanson & de Saint Estienne fils &
heritier de N. Humbert de Saint-Marcel Seigneur des mesmes lieux; Il se trouva aussi à la bataille d'Anton. J'ay veu le
contract de mariage de Sochon Flotte Seigneur de la Roche
des Arnauds du 3. de Juin 1434. où il est nommé comme
témoin. Il laissa pour fils selon le mesme Mr Expilly

HVMBERT de SAINT-MARCEL II. du Nom, Seigneur

XI. Degré   *d'Avanson & de Saint Estienne.*

Comme les papiers de cette maison sont écartez & passez
entre les mains de ceux qui luy ont succedé, je ne puis pas,
comme je le souhaiterois, establir toutes les filiations par testa-
mens, par mariages, ou par d'autres titres domestiques; les
plus grandes preuves qui me restent c'est l'Arrest de Mr Expilly dans lequel il est dit que ce Humbert laissa pour fils

George, & j'apprends d'ailleurs qu'il eut pour enfans,

1. George qui suit,
2. Claude Chanoine & Sacristain de Gap.
3. Gabrielle mariée à N. George de Sainte Colombe.
4. Anne Epouse de N. Claude d'Ourcieres.

Ste. Colombe.
Ourcieres.

GEORGE *de* SAINT-MARCEL

XII. Degré. *II. du Nom, Seigneur d'Avanson & de S. Estienne, Advocat General, puis Conseiller au Parlement de Grenoble.*

Le 29. de Juillet de l'année 1508. il contracta mariage avec *Susanne Portier* fille de N. *Guigues Portier* & de *Marguerite Actuyer*, en presence de NN. *Soffrey Alleman* Lieutenant au Gouvernement de Dauphiné, *Antoine Mulet*, *François Marc*, *Martin Gallian*, Conseillers Delphinaux, *Claude Marc*, *Andre de Morges* Seigneur de la Mote & du Chastelard, *Claude de Saint-Marcel* frere de l'Epoux, *Jean Chantarel*, *Antoine Actuyer* Secretaire Delphinal, *Joachim Cassard*, *Olivier du Motet*, *François Chantarel*, *Michel Galbert*, & *Eynard de Moretel*. Il avoit pour deuxieme femme l'an 1510. *Claudine de Morges* fille de N. *André de Morges* Seigneur du Chastelard & de la Mote, & de *Madelaine Portier*. C'est ce George qui donna lieu à l'Arrest du Parlement de Grenoble dont parle M. Expilly, par lequel les biens de la branche de Vaulserre luy furent adjugez à défaut d'enfans masles. Il eut du deuxiéme lit,

Portier.
Actuyer
Morges
Portier.

1. Jean dont je parleray.
2. François Prieur de Sigotier, Prevost de l'Eglise Collegiale de Saint André de Grenoble, puis Evesque du mesme lieu, & Conseiller au parlement de Dauphiné. Il estoit seulement nommé à cette Evesché lors qu'il s'opposa la Croix à la main aux désordres que le Baron des Adrets & ses troupes voulurent faire en l'Eglise Cathedrale de cette ville, & la sauva des insultes dès Protestans par sa fermeté & ses remontrances.

3. Hugues Prevoſt de l'Egliſe d'Ambrun.

4. Jeanne mariée à N. Jean de Salvaing Seigneur de Bel-
leſtre.

5. Antoinette Religieuſe à Montfleury.

XIII. Degré.

JEAN de SAINT-MARCEL
*Conſeiller du Roy en ſes Conſeils &
au Parlement de Grenoble, Maiſtre
des Requeſtes Ordinaire de ſon Hoſtel,
Ambaſſadeur à Rome pour le Roy
Henry II. Surintendant des Finances,
Seigneur d'Avanſon, de S. Eſtienne
de Saint Romain & de Vauſſerre*

Fut l'un des Favoris du Roy Henry II. qui le fit Conſeiller en ſon Conſeil Privé, Maiſtre des Requeſtes de ſon Hoſtel, & Surintendant des Finances ; & lors qu'il mourut, il
avoit le brevet de Garde des Seaux de France. Le même
Roy l'envoya ſon Ambaſſadeur à Rome, pour negotier avec
le Pape Paul IV. la conqueſte du Royaume de Naples ; ſa
Sainteté en ayant offert l'inveſtiture à un de ſes enfans,
pourveu que ſa Majeſté le ſecouruſt contre les Colomnes &
les Vitellys, deux maiſons conſiderables dans l'Italie ; c'eſtoit
en 1555. Monſieur de Thou parle de cette Ambaſſade en
pluſieurs endroits de ſon Hiſtoire, & il dit que ſur certaine
ligue que le Pape vouloit faire, & en laquelle il vouloit in-
tereſſer le Roy, ſa Majeſté en écrivit à d'Avanſon ſon Ambaſſadeur. Ce même Autheur adjoûte que lors que les Impe-
riaux menaçoient Rome, on s'aſſembla dans la maiſon de
cet Ambaſſadeur l'an 1556. pour deliberer ſur les expediens
qu'il falloit prendre dans une ſemblable conjonĉture, & que
Blaiſe de Montluc fit au peuple une harangue militaire. Le
Pere Hillarion de Coſte de l'Ordre des Minimes dans les
Eloges qu'il a faits des Dauphins de France, dit particulierement *que ceux qui eſtoient en grand credit auprés de ce Monarque,*

estoient Diane de Poitiers Duchesse de Valantinois, & Monsieur
d'Avanson, grand homme d'Estat, le support des Poëtes & des hom-
mes de lettres, qui l'ont tous loué dans leurs écrits, entre autres du
Bellay, Olivier de Magni & Ronsard qui chantoit,

> *Que toujours Avanson maugré l'âge fleurisse;*
> *Car il aymes les vers & tous ceux qui les font.*

Le Roy Henry II. estant mort, Monsieur de Thou dit que
les Ministres du Roy François II. firent de grands changemens parmi ceux qui avoient esté en charge pendant l'autre regne, que la Duchesse de Valantinois fut même chas-
sée impunément: mais que d'Avanson qui sçavoit le secret
des Princes de Guise, fut retenu à la Cour, parce que l'on le
craignoit, & qu'il sembloit propre à leurs desseins; neanmoins
qu'on luy osta l'épargne qu'il avoit euë. Philippine Alleman
d'Alieres estoit sa femme: Elle estoit fille de Humbert Alle- *All mk.*
man troisiéme du nom, Seigneur d'Allieres, & d'Heleine *Allem 2.*
Alleman de Laval. Il laissa pous enfans,

1. Laurent dont je feray mention.

2. Guillaume Archevéque d'Ambrun, Abbé de Montma-
jour, assista au Concile de Trente par ordre du Roy, & re-
venant d'Italie, il amena avec luy des Augustins déchaussez
qu'il establit en Dauphiné, & dans le Prioré de Villarbenoit
qui estoit à luy, au mandement d'Avalon en la vallée de
Graisivodan, ce fut l'an 1595. Ils y ont encore un Convent,
duquel sont emanez tous les autres qui sont en France. Cet
Archevêque est mort le plus ancien Prelat de toute la Chre-
stienté, Davila parle de luy au livre 9. de l'Histoire des
guerres civiles de France, & dit qu'il porta la parole au
Roy Henry III. à la teste de ceux qui luy estoient deputez,
pour faire declarer à ce Prince que Henry Roy de Navarre,
estoit incapable de luy succeder.

3. Loüise mariée deux fois; la premiere avec N. Jean
Fleard Seigneur de Pressins, de Tullins & de Moretel, Pre- *Fleard*
sident en la Chambre des Comptes de Grenoble; & la deuxiéme avec Baltesard de Combourcier Seigneur du Monestier, *Com-*
bourcier

Chevalier de l'Ordre du Roy, Gentilhomme ordinaire de sa Chambre.

Armuet 4. Françoise Epouse de N. Louïs Armuet, seigneur de Bonrepos,

LAVRENT de SAINT-MARCEL
au XIV. Degré. *Seigneur d'Avanson.*

Par une transanction faite le 17. de Janvier 1572, entre Hugues de Saint-Marcel, comme tuteur dés enfans de celuy-cy, & Louïse & Françoise ses sœurs, j'apprens que Jean leur père éstoit mort ab intestat, qu'il avoit laissé les enfans que j'ay nommez, & que celuy-cy avoit eù

1. Jean decédé sans posterité.

Simiane. 2. Anne alliée à Baltesard Raymbaud de Similane, Baron de Gordes.

VAUSSERRE.

D'Azur à trois Coqs d'Or, crestez, barbelez, oreillez
& onglez de Sable.

Comme les deux branches qui font dans la Genealogie
precedente ont eu des Armoiries differentes, il ne faut pas
s'étonner du changement de celle-cy.

ALLIANCES.

ALLESSO.	PELLAFOL.
ANDRIER.	PONCET.
BEAUMONT.	Du PUY.
BERTRAND.	REYNARD.
Du BOIS.	La ROCHE.
CHEVALIER.	SEGUR.
CHYPRES.	TONARD.
GRAS.	La TOUR.
HANIVEL.	VEYNES.
MONTAUBAN.	YSE.
MONTORSIER.	

ARBRE GENEALOGIQVE.

Raybaud 1380.
Marguerite de Montorsier.

Iean 1440.

Bartelemy 1470.
Marguerite de Pellafol.

Guillaume 1520.	Aynard 1522. Ecclef.	Antoinette Relig.

Girard 1566. Bonne de Reynard.	Baltesard, Eccl.	

Guillaume 1574.
Caterine Poncet.

Salomon. Marie du Bois.	Iacques, Charlote de Chypres.	Cesar. Sufanne de Beaumont. Marguerite Dupuy.	Ifabeau. Salomon Chevalier.	Caterine.

Marie. Pierre de Hanivel.	Iuftine. Iean Bertrand.	Iean. Olimpe Tonard.	Iuftine. René de la Roche.	Ifabeau. Alexandre d'Yfe.	Ifabeau - Renée, Lucreffe & Maddaine.

Charles. Cesar. Alexandre. Daniel. Olimpe-Iuftine. Marguerite.

HISTOIRE
ET
PREUVES.

'A Y dit dans la Genealogie de Saint-Marcel, que Vausserre & Saint-Marcel estoient même Famille, & je crois de l'avoir suffisamment prouvé. Celuy par qui je commence celle-cy estoit fils de Lantelme de Vausserre III. du Nom, Seigneur d'Avanson, & par consequent il a fait le septiéme degré parmi ceux qui me sont connus.

RAYBAUD de VAVSSERRE
VII. Degré.   *Conseigneur de Montorsier,*

Eut pour femme Marguerite de Montorsier, Dame en partie de Montorsier, & vivoit l'an 1380. Il eut pour fils, *Montorsier.*

JEAN de VAVSSERRE
VIII. Degré.   *Conseigneur de Montorsier.*

Le 11. d'Aoust de l'année 1360. il fut fait des conventions touchant les fourches patibulaires du lieu de Montorsier, entre N. François Gras Chastellain Delphinal de Champsaur, faisant pour le Dauphin ; & NN. Guillaume, Jean, Bertrand & Jacques de Montorsier, Conseigneurs du lieu, où il fut dit que la Jurisdiction en seroit commune ; ce qui fut confirmé

L iij

par d'autres conventions du 18. de Juin 1404. où ce Jean de Vaulserre se trouva interessé comme Conseigneur de Montorsier, en qualité d'heritier de Marguerite de Montorsier sa mere. Dans un homage qu'il rendit le 24. de Janvier de l'année 1400. il est qualifié fils de N. Raybaud de Vaulserre Conseigneur de Montorsier & de Rorenches, le Latin dit de *Rorenchijs*. Il est compris parmy les Nobles de Dauphiné dans une revision de feux de l'année 1427. Il vivoit encore en 1440. Il eut pour fils,

IX. Degré.　　BARTELMY *de* VAVSSERRE.

Pellafol　Marguerite de Pellafol fut sa femme, au nom de laquelle il rendit homage à Gerad de Crussol Evesque de Dye, le 18. de May 1470. pour ce qu'elle avoit à Vaudromme & à saint-Didier. C'est le premier qui passa dans la Ville de Dye, où sa posterité a depuis fait son sejour pendant quelques-temps. Il vivoit encore l'an 1479. & il eut pour enfans,

1. Guillaume qui suit.
2. Aynard Chanoine en l'Eglise Cathedrale de Dye, vivant l'an 1522.
3. Antoinette Religieuse à Montfleury.

X. Degré.　　GVILLAUME *de* VAVSSERRE II. *du Nom,*

Habitoit dans la Ville de Dye l'an 1520. comme il se justifie par une enqueste de l'an 1566. Il eut pour enfans,

1. Girard qui a continué.
2. Baltesard Chanoine dans la mesme Eglise,

XI. Degré.　　GIRARD où GIRAUD *de* VAVSSERRE III. *du Nom.*

Par l'enqueste de l'année 1566. il conste qu'il estoit fils de Guillaume, frere de Baltesard Chanoine de Dye, & neveu

d'Aynard Chanoine au mefme endroit. Bonne de Reynard fut fa femme, elle eftoit fille de N. Gafpard de Reynard & de Jeanne Andrier. Il eut, Reynard.
Andrier

XII. Degré.   # GVILLAVME *de* VAVSSERRE
III. *du Nom,*

Qualifié fils de N. Girard de Vaufferre de la Ville de Dye, dans fon contract de mariage du 17. d'Aouft 1574. paffé avec Caterine Poncet fille de N. Iean Poncet Confeigneur de Laye, & de Ieane Gras. Elle eftoit vefue de N. Claude de Veynes Seigneur de Chichiliane. Furent prefens à ce contract NN. Giraud Berenger Seigneur de Morges, François de Bonne Seigneur de Lefdiguieres, Aubert Martin Seigneur de Champoleon, Gafpard de Montauban Seigneur du Villard, François Bouvard du lieu d'Afpres, & Gafpard Gay. Cette Poncet fit fon teftament le 23. de Novembre 1606. eftant vefue de Guillaume de Vaufferre, qui avoit fait le fien le 5. de Fevrier 1590. Par ces deux actes j'apprens qu'ils eurent pour enfans, Poncet.
Gras.
Veynes.

1. Salomon qui époufa Marie du Bois. Il en a eu deux filles, l'une appellée Marie, s'eft alliée en premieres nopces à Noble   de Segur, Seigneur de *Segur* en Bearn; & en deuxiéme nopces à Noble Pierre de Hanivel Seigneur de faint Laurent & Baron de Pontcheuron d'une famille de Normandie. Du premier lict elle a eu un fils & une fille, le fils a efté Ayde de Camp dans l'armée de Mr le Prince contre les Holandois en 1672. & fut de ceux qui pafferent fi hardiment le Rhin. La fille eft mariée à N. d'Alleffo, fils d'un Confeiller au Parlement de Paris & Seigneur d'Eragny auprés de Pontoife. Du deuxiéme lict la fille de Salomon de Vaufferre a un fils. Segur.
Hanivel.

Alleffo.

2. Iacques a eu pour femme Charlote de Chypres fille de N. Iacques de Chypres fieur de Souberoche & de Iuftine de Montauban, laquelle luy a procrée Iuftine de Vaufferre, mariée à N. Iean Bertrand fieur de la Grazette. Chypres
Montauban.
Bertrad

3. Cesar aura son chapitre.

4. Isabeau mariée à N. Salomon Chevalier sieur de Hautecombe.

5. Caterine.

CESAR *de* VAVSSERRE
XIII. Degré *Seigneur de Saint Desier, Baron des Adrets & de Theys.*

Pendant les guerres de la ligue, celuy-cy étant encore fort jeune, commença son aprentissage dans les Armes sous le Fameux François de Bonne, qui fut en après Duc de Lesdiguieres, & Connestable de France, & servit toûjours dans les interests du Roy Henry le Grand. Ce Prince l'eleva en diverses charges de l'Armée, & il avoit une Compagnie de gens de pieds lors que ce Grand Monarque fut tué. Il en avoit eu la commission le 11. de May de l'année 1610. trois jours avant ce coup funeste. Il y a apparence qu'il estoit Capitaine auparavant ; car ses Lettres le qualifient le Capitaine des Adrets. Il eut le même zele pour le service du Roy Loüis XIII. qu'il avoit eu pour son predecesseur ; & l'ayant fait connoistré en plusieurs occasions, Sa Majesté l'en recompensa par une pension annuelle de 1200. liv. pour laquelle il luy fit expedier un Brevet le 28. d'Avril 1616. Il fut fait Capitaine au Regiment de Sault, par commission du 13. de Novembre 1621. & en cette qualité ayant combatu en diverses rencontres, & avec beaucoup d'avantage ; le Roy luy en écrivit avec éloge, par une lettre du 21. de Septembre 1624. En 1625. estant sans charge, Sa Majesté luy promit de luy donner la premiere vaccante, & cependant elle luy fit don de 2000. liv. par un Brevet du mois de Ianvier de la même année ; & celuy de Fevrier suivant, il eut une commission de Capitaine au Regiment de Rambures, où il estoit encore l'an 1628. & sous laquelle il se trouva au siege de la Rochelle ; qu'une maladie qu'il eut l'obligea de quitter avec un congé

du

du Roy du 17 d'Octobre de cette année-là. Il a suivi la guerre pendant plus de 40 ans. Il eut deux femmes. La premiere
eut nom Sufanne de Beaumont, fille du fameux Baron des
Adrets François de Beaumont. Et la deuxiéme Marguerite
du Puy, fille de Jean Alleman du Puy, Marquis de Montbrun, & de Lucreffe de la Tour : laquelle il époufa le 12 de
Janvier 1629. Il a eu de cette derniere femme.

*Beau-
mont.*

du Puy.

la Tour.

   1. Jean qui fera mentionné à la fuite.
   2. Juftine, femme de N. René de la Roche de Grane.
   3. Ifabeau, alliée à N. Alexandre d'Yfe.
   4. Ifabeau-Renée.
   5. Lucreffe, Religieufe au Monaftere de Sainte Cecille
de Grenoble, de l'Ordre de S. Bernard.
   6. Madelaine, Religieufe au même endroit.

*la Ro-
che.
d'Yfe.*

JEAN de VAVSSERRE,
*Baron des Adrets, Seigneur de Theys,
de Saint Defier ; &c.*

XIV. Degré.

   Il a fuivi les traces de fon pere, & dés fes jeunes ans il a
paru les armes à la main. Il fut fait Capitaine de Chevaux
Legers au Regiment de Montbrun par Commiffion du 7 de
Septembre 1648. Il combattit dans cette defaite des rebelles
de Provence en 1649. avec fa Compagnie, & à la tefte du
même Regiment qu'il commandoit. Son cheval y fut tué,
& luy y fut bleffé d'une moufquetade à l'épaule. La relation
de ce combat fut imprimée, & il y eft parlé de luy fort avan-
tageufement. Il continua de fervir pendant quelques années
après. Il a contracté mariage le 12 de Novembre 1651. avec
Olimpe Tonard, fille unique de N. Charles Tonard Seigneur d'Yfon, Confeiller au Parlement de Grenoble. Il a
pour enfans.

Tonard.

1. Charles.	4. Daniel.
2. Cefar.	5. Olimpe-Juftine.
3. Alexandre.	6. Marguerite.

M

MERINDOL.

D'Azur à l'Arondelle d'Argent posée en bande.

ALLIANCES.

BAISSE.	POITIERS.
CVRETE.	ROVX.
LAVRIS.	VAVX.
MIANE.	VERNET.

ARBRE GENEALOGIQVE.

Pierre 1506.
Dauphine de Miane.

Bertrand 1545.
Marguerite Lauris.
Dauphine de Vaux.

Honoré.　　Iean 1594.　　　　Françoise.
　　　　Isabeau de Baisse.

Achilles 1631.
Caterine de Vernet.

Ioseph.　Loüis.　Caterine.　Françoise.

HISTOIRE

ET

PREUVES.

MERINDOL est un Bourg dans la Provence, qu'une Famille de même Nom a tenu autrefois en Fief, & de la mouvance des Comtes de la même Province. Cesar Nostradamus dans la Chronique de Provence parle de plusieurs incidens arrivez dans ce Bourg, allegue quelques actes, & fait plusieurs narrations où ceux de la Famille ont eu interest, & adjoûte que de tout temps elle a esté reputée pour noble dans le païs.

Pons de Merindol l'an 1150. fut l'un des Seigneurs de Provence qui soutinrent le parti d'Estephanette, Fille du Comte Gilbert, contre Berenger. *Nostradamus.*

Audibert de Merindol fut l'un de ceux qui se trouverent presents l'an 1217. à une donation que fit le Comte Raymon Berenger à Pierre Oger, Gentilhomme de sa Cour. *Nostradamus.*

L'an 1334. & le 25 de Juillet Guillaume de Merindol, du lieu de Merindol, presta hommage lige au Dauphin Humbert; c'est ce qui se lit dans les titres de la Chambre des Comptes de Dauphiné.

Martin & Rostaing de Merindol furent du nombre des six Gentilshommes citez en 1366. pour répondre de certaines rebellions dont ils estoient accusez envers la Reine Jeanne; c'est Nostradamus qui le dit encore dans

L iij

la même Chronique imprimée l'an 1613. où il fait un discours fort ample de la Noblesse de cette Maison, & en donne les Armoiries telles qu'elles sont à la teste de cette Genealogie. Les Estats de Provence recompenserent l'Autheur
de la somme de trois mille livres; pour faire voir que cét ouvrage fut approuvé.

La même Famille a paru long-temps dans le lieu de Merindol, ou dans celuy de Lambesc au Diocese d'Aix. Un
Cadet passa en Dauphiné & dans le Diocese de Valence,
où il se maria. Je commenceray à son ayeul pour n'avoir
veu aucun titre qui puisse me permettre de la prendre plus
haut.

I.   *Degré.*   PIERRE *de* MERINDOL.

Dans son contract de mariage du 26 de May 1506. passé
avec Dauphine de Miane, est nommé originaire de Lambesc au Diocese d'Aix. Cette Dauphine estoit fille de N.
Simon de Miane, & elle luy procrea.

Miane.

II.   *Degré.*   BERTRAND *de* MERINDOL.

Qui fut marié deux fois; la premiere avec Marguerite
Lauris, fille de N. Charles de Lauris & d'Honorade Roux
de la ville de Salon en Provence, par contract de mariage
du 28 de Decembre 1545. La deuxiéme fut avec Dauphine de Vaux, fille de N. Jean de Vaux, Juge Royal de Sisteron, & de Françoise Curete, par autre contract du 16
d'Aoust 1555. où Bertrand est qualifié fils de Pierre. Il testa
le 3 de Mars 1566. & laissa.

Lauris.
Roux.

Vaux.
Curete.

1. Honoré.
2. Jean a continué, & passé en Dauphiné.
3. Françoise.

III. Degré. **JEAN de MERINDOL,**
Sieur de Vaux.

Le 5 de Juin de l'année 1594. contracta mariage avec Isabeau de Baisse, fille de N. Adrian de Baisse du lieu d'Upic *Baisse.* en Dauphiné au Diocese de Valence, & de Caterine de Poitiers. Il acquit du bien à Montmeyran au même Diocese, où il s'establit, & où sa posterité a fait son sejour. *Poitiers*

IV. Degré. **ACHILLES de MERINDOL,**
Sieur de Vaux.

Qualifié fils de Jean dans son contract de mariage du 17 de Septembre 1631. passé avec Caterine de Vernet, de la- *Vernet.* quelle il a eu pour enfans.
1. Joseph.
2. Loüis.
3. Caterine.
4. Françoise.

V. Degré. **JOSEPH de MERINDOL,**
Sieur de Vaux.

Est vivant en 1674. & exerce la charge de Conseiller du Roy, Tresorier de l'extraordinaire des guerres en cette Province.

BARDONECHE

ou

BARDONENCHE.

D'Argent au treillis de Gueules cloüé d'Or , au chef d'Or ,
chargé d'un Aigle naiſſant de Sable.

N

ARMOIRIES.

LE Bourg de Bardoneche portant pour Armoiries d'argent au treillis de Gueules cloüé d'or : on doute s'il les a empruntées de cette Famille, ou si la Famille les tient de luy. Cette question n'est pas sans difficulté; & je la laisse à decider.

Outre ce treillis, la Famille porte en chef un Aigle naissant de sable.

La multiplicité de branches qu'elle a produites, a donné lieu à diverses brisures, & à des changemens aux meubles du chef; mais jamais elles n'ont abandonné le treillis, qui a esté comme la marque d'une même origine.

On a veu ce chef chargé de trois Corneilles pour les uns, de trois Croissans pour les autres, & quelques-uns y ont mis des Fleurs de Lys, ou des testes de Vaches; il s'en est trouvé qui ont traversé ce treillis d'une bande chargée de trois Fleurs de Lys; & l'on a veu quelquefois un parti du treillis & d'un Griffon.

Cette diversité d'Armoiries est prouvée par une enqueste de l'an 1600. faite sur le different du Sieur de Jouffrey moderne Seigneur de Bardoneche, & des habitans du lieu, au fait des mêmes Armoiries.

ALLIANCES.

ARMAND.
ARNOVX.
AYNARD.
BARDONENCHE.
BLOSSET.
BREMON.
BRENIEV.
BOYSSEL.
CALIGNON.
CHAMBRIER.
CHASTE.
CHASTEAVNEVF.
CHYPRES.
CLARI.
COMBOVRCIER.
DALPHAS.
DISDIER.
ENGILBOVD.
GENTON.
GILLES.
HELLIS.

LAVAL.
MONTCHENV.
MONTMAJEVR.
NAVAISSE.
PASCAL.
PECCAT.
PIERRE.
POVRRET.
PVYBOSON.
QVINEPAYE.
REVILASC.
REYNARD.
REYNAVD.
RICOZ.
SALES.
SOVLIERS.
du THAVC.
THOLOSAN.
VANDAL.
VAVJANY.

N ij

ARBRE GENEALOGIQVE.

PREMIERE BRANCHE,

QVI EST CELLE

DE L'AISNE.

Aynard 1214.

Pierre 1251.

Perceval 1303.   Burnon.   Mathieu.   François.   Iean.

Poncet 1320.

Constant 1344.   Guillet.   Aubert.   Pierre.
                       a fait branche.

Frelin.   Lantelme.   Borsac 1359.   Leon.

      Antoine   Pierre 1385.   Galiane.
                                           François Duthaue.

Loüis.   Frelin.   Lantelme 1413.

      Iustet.   François.   Durand 1443.   Pierre.
                 Marthe de   Marguerite d'Hellis.
                 Puyboson.

Iean 1482.   Pierre.   Carine.   Ieanne.   Bartelemieye.
Antoinete Ricoz. Cecille. . . . Hugues   Iean
                              Pourret.   Reynaud.

Iean 1535. Imbert. Marie. Ieanne.   Françoise.
Ieanne Chambrier.

Iean   Raymon.
Claudine de
Souliers.
Anne de
Combourcier.

Raymon, Iean, Antoinette, Marguerite, Humbert, Renée, Pierre,
Ieanne de Antoine de   Ieanne de Gabriël Enemonde
Retilafe, Vaujany,   Bardonenche. Pafcal, Duthauc.

André,   Ifabeau,
Ieanne de Chypres,

Alexandre,   André   Iean,   Cefar   Pierre   Iudith,
Chriftophle Bloffet, a fait   a fait   Ecclef. Marguerite,
Lucreffe deMontchenu, branche,   branche,   Ieanne,
                                                          Renée,
                                                          Sarra,

Caterine, Marie,   Ieanne,   Alexandre,   Cefar,
                   Abel   Marie Armand,   Anne
                   Difdier,   Melchione d'Engilboud, Peccar,

                                              Lucreffe, Cefar,

Alexandre, Pierre, Ifabeau, Lucreffe, Loüife, Ieanne, René, Dominique,

DEVXIEME BRANCHE,

QUI EST CELLE

DE TENAVX.

André 1624,
Enemonde Reynard,

André, Alexandre, Iudith,   Anne,   Marguerite, Ieanne,
            Pierre de Guichard,

TROISIEME BRANCHE,

QUI EST CELLE

DE SOUVILLE.

Cefar,
IeanneClement,

Sanfon,   Iean,   Iuvenal,   Sufanne, Anne, Lucreffe, Ifabeau,
Madelaine   Iacques, Eftienne, François   Iean   &
de Charency, Pierre, Ieanne,   de Genton,   d'Helis, Marie,

QUATRIEME BRANCHE,

QUI EST ESTEINTE,

Guillaume 1333.

Henry 1340.

Baudoüin 1350.　　　Pierre Ecclef.　　　Ioffrey.

Iean.

Mondette.　　　　Caterine.　　　Berlionne.
Iean qui ne paye.　Guillaume Boiſſel.

HISTOIRE

ET

PREUVES.

IL y a dans les montagnes de Dauphiné, & en la Duché de Briançonnois auprês des vallées de Piedmont, un mandement appellé Bardoneche, lequel a esté autrefois connu sous le titre de Vicomté; comme le dit Francisco Agostino della Chiesa Evêque de Saluces, dans le livre qu'il a fait, intitulé, *La Couronne Royale de Savoye, partie 2. chap.* 19. *pag.* 377.

La succession des temps a fait perdre à ce Bourg, ce titre de Vicomté, & ceux qui en ont esté les maistres dans les années suivantes, n'ont pris que celuy de Seigneurs de Bardoneche. Le même Autheur parle advantageusement de ces Seigneurs dans la *page* 373. du même ouvrage.

Quelques-uns ont crû que ces Seigneurs l'estoient independemment : & la raison qu'ils en ont euë, c'est que les Dauphins n'y avoient nulle jurisdiction avant le 14e siecle, qu'ils commencerent d'en acquerir de ces Seigneurs, comme je diray à la suite. Et aujourd'huy même dans tout le Briançonnois il n'y a que cette terre & celle de Chaumont, qui ayent des Seigneurs particuliers, toutes les autres dependent du domaine Delphinal.

La Famille que je descris, a tiré son nom de cette terre, & le bourg de Bardoneche, qui est la Paroisse capitale des sept, dont le mandement est composé, porte pour Armoiries le treillis, qui fait une partie de celles de cette Famille : & ainſi il y a une égalité parfaite de Nom & d'Armes entre la terre & la Famille.

Il n'y a point de Maiſon dans cette Province qui ait eſté plus diviſée que celle-cy, ny point de terre qui ait eu plus de Seigneurs & de Pariers que celle de Bardoneche, & tous de la même Famille. Chaque Paroiſſe a eſté ſous la juriſdiction d'une Branche particuliere; & chaque Branche a fourny pluſieurs teſtes pour en faire pluſieurs Seigneurs aux ünes & aux autres de ces Paroiſſes : quelques noms en ſobriquet, ou quelque briſure dans les Armoiries faiſoient toute leur difference; & ils s'accordoient en ce ſeul point de porter le ſurnom de Bardoneche, dont ils s'en firent un de ſucceſſion, que leurs Deſcendans ont conſervé depuis.

AYNARD, *Seigneur de* BARDONECHE, *I. du Nom ; Chevalier.*

I. Degré.

Il eſt certain que cette Famille eſt plus ancienne que du temps de cét Aynard; mais je n'ay pas trouvé des titres qui m'ayent guidé pour remónter plus haut. Celuy-cy vivoit en 1214. & Hugues Guers, fils de Raymon habitant à Bardoneche, luy rendit homage le 9. des kal. du mois de Novembre de la même année, & le qualifie Chevalier. Il fut preſent avec la même qualité de Chevalier dás une tranſactió qui fut faite le 2. des Nones de Mars de l'année 1227. entre Soffrey Evêque de Grenoble, & Aymeric de Briançon, que j'ay tiré d'un Cartulaire de l'Evéché de Grenoble; & le ſieur Juvenis Avocat au Parlement de Dauphiné, demeurant à Gap, a entre ſes mains un homage preſté l'an 1232. par le Dauphin à l'Evéque de Gap, où le même Aynard ſe trouve témoin. Je n'ay pas ſceu ſon Alliance, ny le nombre de ſes enfans. Voicy celuy qui m'eſt connu.

PIERRE

PIERRE *de* BARDONECHE,

II. Degré. *Seigneur de Bardoneche.*

Le même Juvenis est encore saisi d'un hommage rendu par un Dauphin à un autre Evesque du même lieu l'an 1251. où celuy-cy assista avec quelques autres Seigneurs, & où la qualité de Demoiseau luy est donnée. Elle n'estoit prise que par le fils d'un Chevalier. Il vivoit encore en 1261. & il s'avoüe homme-lige du Dauphin Guigues nommé alors Comte de Graisivodan, sans reconnoistre sa terre, ainsi qu'il se justifie des reconnoissances qui sont dans la Chambre des Comptes de Grenoble, & qui furent receuës par Probus Notaire Imperial. Il fut pere de plusieurs enfans.

1. Perceval, qui aura son chapitre.

2. Burnon, qui vivoit l'an 1289. qui fut pere d'Ainard & d'un autre Burnon ; & ce Burnon deuxiesme eut pour fils un autre Ainard, & Ainard eut Burnon. J'apprens cette descendance par les hommages que tous ceux-cy ont rendus en divers temps, jusques en l'année 1413. que ce Burnon troisiesme mourut sans enfans.

3. Mathieu fut pere de Jean, qui rendit hommage de la Conseigneurie de Bardoneche l'an 1328. & de François qui s'acquit la haine du Dauphin par des soupçons qui luy firent perdre la vie.

4. François eut une longue posterité, qui finit en 1420. par une fille nommée Jeannete, qui fut mariée à Noble Aubert de Nevache, ou Navaisse. De cette branche quelques-uns vinrent habiter à Grenoble, & l'an 1350. j'y trouve Jean & Pierre de Bardoneche. *Navaisse.*

5. Jean fit aussi une grande posterité & plusieurs branches, qui conserverent la Conseigneurie de Bardoneche, & la diviserent en plusieurs portions. Quelques-uns de cette branche ont passé en Piemont, d'autres en Provence, & d'autres en Savoye. Charles-Auguste de Sales, Evêque

O

de Geneve, parle de quelques-uns d'eux dans le *Pourpris Historique de sa Maison au pied 3 de la toise 4 du pan 2*. Il y a plus de cent ans que ceux de cette branche qui estoient en Dauphiné ne sont plus. Les maisons d'Aynard, de Laval, d'Arnoux, de Chasteauneuf, de Montmajeur, de Vandal, de Sales, & autres de Dauphiné & de Savoye, ont pris & donné des Alliances aux descendans de ce Jean : quelques-uns desquels ont esté Seigneurs du fief de la Tour en Foucigny, & de la terre de Feüillet en Savoye.

Aynard Laval. Arnoux Chasteauneuf. Montmajeur Vandal Sales.

PERCEVAL de BARDONECHE,
III. Degré. Conseigneur de Bardoneche,

Vivoit l'an 1290. ce qui se tire de divers actes qui sont dans les Registres *Copiarum*, de la Chambre des Comptes de Dauphiné. Dans un de ces mêmes Registres, intitulé, *Copia extracta à libro vacato probus*, je trouve un échange fait le Lundy aprés la Nativité de la Vierge de l'année 1303. entre le Dauphin Humbert I. & Noble Guillaume Blanc, du lieu de Montorsier, par lequel le Dauphin donne la terre de Pellafol 3 & l'autre le droit qu'il avoit aux Chasteaux & Territoires de Montorsier, de Champoleon & d'Ourcleres, & furent presens, Aleman du Puy, Jean de saint Sablin, Guy de Meolans Chanoine d'Ambrun, Arnaud d'Arnaud, Raybaud d'Aspres, & Perceval de Bardoneche, qui compose ce degré, & qui eut pour fils.

PONCET de BARDONECHE,
IV. Degré. Conseigneur de Bardoneche.

J'apprens son existence par les mêmes Registres de la Chambre des Comptes. Il vivoit l'an 1320. & eut deux enfans.

1. Constant dont je parleray.
2. Pierre eut pour fils Leon de Bardoneche. Consei-

gneur du Percy, lequel eut une feule fille appellée Galiane, alliée à Noble François du Thau.

3. Guillet ou Guillaume a fait branche.
4. Aubert.

CONSTANT de BARDONECHE,
Chevalier, Confeigneur de Bardoneche puis Confeigneur du Percy.

V. Degré.

du Thau

Le 13. du mois de Novembre 1333. celuy-cy & Pierre fon frere donnerent en échange à Humbert Dauphin, la portion qu'ils avoient en la terre de Bardoneche, & ce Prince leur remit huict parts dans celle du Percy, & quelques rentes au même lieu. Ce fut la caufe du changement de cette Famille du Briançonnois en Trieves. Ils y font qualifiez fils de Poncet de Bardoneche. Conftant tranfporta une partie de cette Seigneurie du Percy à Guillaume de Morges Chevalier l'an 1344. Il eut pour enfans.

1. Frelin ou François, qui ne laiffa pas de pofterité.
2. Lantelme, Confeigneur du Percy, dont il rendit homage le 15 de May 1363. en faveur de Charles Dauphin de France. Il eft qualifié Demoifeau.
3. Borfac a continué.

BORSAC de BARDONECHE,
Confeigneur du Percy.

VI. Degré.

L'an 1359. luy, Lantelme fon frere, & François du Thau en qualité de mary de Galiane de Bardoneche leur coufine, fille de Leon de Bardoneche, vendirent à Jean Berenger Chevalier, Seigneur de Morges, la quatriéme partie du Moneftier du Percy; & dans l'acte d'inveftiture qui en fut paffé en faveur de l'acheteur le 20 de Janvier de l'année fuivante, il eft dit que cette quatriéme partie eftoit indivife avec Guillaume de Morges, Chevalier Seigneur de l'Efpine. Un

peu avant cette vente, Borſac avoit rendu homage au Dauphin de ſa portion en la même Seigneurie, ſçavoir le 7. d'O-
ctobre de la même année 1359. où il eſt nommé fils de
Conſtant. Il eſt qualifié de même dans ſon teſtament du 30
de Juillet 1361. où il inſtituë ſes heritiers Antoine ſon fils,
& les poſtumes dont ſa femme pourroit eſtre enceinte, &
leur ſubſtituë Lantelme ſon frere, en cas qu'ils decedaſſent
ſans enfans. Il fut pere de,

　　1. Antoine Conſeigneur duPercy,qui eut pour fils Loüis
de Bardoneche, lequel Loüis fut pere de Juſtet.

　　2. Pierre a continué.

PIERRE de BARDONECHE,
VII. Degré.　　　　*Conſeigneur du Percy.*

　　Fut poſtume, & comme il eſtoit appellé à la ſucceſſion de
ſon pere ſous ce nom de poſtume, il eut ſa part dans la Con-
ſeigneurie du Percy. Il vivoit environ l'an 1385. Il eut pour
enfans, ſans que je ſçache de quelle femme.

　　1. Frelin ou François.

　　2. Lantelme aura ſon chapitre.

LANTELME de BARDONECHE,
VIII. Degré.　　　　*Conſeigneur du Percy.*

　　J'apprens qu'il eſtoit fils de Pierre, & que Pierre l'eſtoit
de Borſac par un homage de l'année 1413.& du 27 de Novembre preſté par Juſtet de Bardoneche, qualifié fils de
Loüis, lequel Loüis eſtoit couſin germain de ce Lantelme,
où il eſt dit que ce Lantelme eſtoit Conſeigneur du Percy,
frere de Frelin, fils de Pierre, &c. Il y prend la qualité de
Demoiſeau. La portion qu'il avoit dans la terre du Percy
eſtoit fort petite, attendu les grandes alienations qui en a-
voient eſté faites par ſes predeceſſeurs; il y a même lieu de
croire qu'il ne luy reſtoit plus aucune juriſdiction ; mais

tant feulement quelques cenfes qui eftoient comprifes dans l'échange que Conftant fon bifayeul avoit fait avec le Dauphin, lefquelles cenfes s'étendoient non feulement dans le mandement du Percy, mais encore en quelques lieux du voifinage comme à S. Jean d'Heran & ailleurs; c'eft fans doute ce qui obligea ce Lantelme de fe retirer dans le lieu des Rives au même mandement de S. Jean d'Heran où il eftoit en l'année 1428. comme il fe juftifie par une revifion de feux de la même année, où il eft compris parmy les Nobles de ce lieu. Il tefta le 10 de Fevrier 1433. & laiffa pour enfans.

1. François fut coheritier de fon pere, & je trouve que fa femme eut nom Marthe de Puybofon. Je ne fçay pas s'il en eut des enfans. *Puybo-fon.*

2. Durand auffi coheritier de fon pere, fera mentionné à la fuite.

3. Pierre deftiné à eftre d'Eglife.

IX. Degré. **DVRAND** *de* **BARDONECHE,**

Fit partage avec François fon frere le 2 d'Avril 1443. des biens de Lantelme leur pere, où j'ay leu que Marthe eftoit femme de François. Durand tefta le 5 de Juin 1457. eftant encore jeune, & en Provence où il eftoit allé pour prendre parti parmi les troupes que levoit en ce pays-là le Duc de Calabre, pour mener à Naples; René le bon eftant alors Comte de Provence. Marguerite d'Hellis fut fa femme. Elle eftoit fœur de Noble Bartelemy d'Hellis; & elle fit fon teftament le 28 de May 1482. Voicy leurs enfans. *Hellis.*

1. Jean qui fuit.

2. Pierre coheritier de fon pere, tefta le 23. de Juin 1482. laiffa Jeanne & Françoife fes filles, & de Cecille Ricoz fa femme. *Ricoz.*

3. Jean, Religieux de l'Ordre des FF. Mineurs.

4. Catine mariée à Noble Hugues Porret de Sinard. *Porret.*

O iij

Rey-
nand.
5. Jeanne, femme de N. Jean Reynaud de Lavars.
6. Bartelemieve.

X. *Degré.*

JEAN de BARDONECHE,
premier du Nom.

Son sejour, fut au même lieu des Rives. Ie l'aprends par deux roolles d'arriereban des années 1472. & 1484. où il est mis au rang des Nobles de Dauphiné. Il avoit esté inscrit au même rang dans une revision de feux de l'année 1461. sous le nom des heritiers de Durand son pere. Sa femme eut *Ricoz,* nom Antoinette Ricoz fille de N. Claude Riçoz, & de *Armid* Clemence Armand, & sœur de Cecille Riçoz que Pierre de Bardoneche son frere avoit espousée. Il en fait mention dans son testament du 23. de Iuin 1482. comme aussi de ses enfans dont voicy les noms.

1. Jean qui compose le degré suivant.
2. Imbert.
3. Marie.

XI. *Degré.*

JEAN de BARDONECHE,
second du nom.

Cham-
brier.
Son alliance fut avec Ieanne Chambrier fille de N. André Chambrier du lieu de Vif à deux lieües de Grenoble; c'est ce qu'il dit dans son testament du 18. de Iulliet 1548. Il en avoit fait un autre precedemment, car je trouve de luy un codicille du 1. de May 1535. où il est dit habitant du lieu des Rives. Il fut pere de

1. Iean qui fera la matiere du XII. degré.
2. Raymon.

XII. *Degré.*

JEAN de BARDONECHE,
troisième du nom.

Ie le trouve parmy les Nobles de Trieves dans une revi-

fion de feux de l'année 1549. La contrée de Trieves eft ha-
bitée par un grand nombre de Gentilhommes de fort ancienne Nobleffe & qui ont toûjours efté dans une réputation
de grande valleur. Iean de Bardoneche eftoit l'un de ces
Gentilshommes qui avoient autant de valeur que de Nobleffe, & il en donna des marques à la journée de Cerifoles
en 1543. eftant encore affés jeune pour ce meftier, s'étant
mis dans la compagnie de Dampierre de la maifon de Clermont, avec quelques autres jeunes hommes de Dauphiné
de fa qualité de fes voifins & de même âge que luy. La mort
de fon pere le r'appella en fon païs où il eftoit déja marié
dépuis quelques années à Claudine de Souliers, avec laquel-   *Souliers*
le il paffa fes jours jufques en l'année 1552. qu'elle mourut
aprés avoir fait fon teftament le 14 de Novembre de la même année. Il fe remaria à Anne de Combourcier, fille de   *Cōbour-*
Noble Jean de Combourcier fieur de Beaumont. Il fit fon te-   *cier.*
ftament le 4 du mois de Mars 1579. où il fait mention de
fes deux femmes, & des enfans que l'une & l'autre luy a-
voient procréez.

Du premier lict.

1. Raymon.
2. Jean a continué.
3. Antoinete, mariée à Noble Antoine de Vaujani   *Vauja-*
l'an 1540.   *ni.*
4. Marguerite.

Du deuxiéme lict.

1. Humbert époufa Ieanne de Bardoneche, & en eut   *Bardo-*
André & Ifabeau. André fut marié à Ieanne de Chypres,   *neche.*
fille de Noble Eftienne de Chypres.   *Chypres*
2. Renée, Femme de Noble Gabriel Pafcal, du lieu de   *Pafcal.*
la Frey.
3. Pierre eut pour femme Enemonde du Thau, fille de   *du Thau*
N. Eftienne du Thau, & de Caterine Gilles.   *Gilles.*

JEAN de BARDONECHE,

XIII. Degré.   *quatriéme du Nom.*

Jeanne de Revilafc a efté fa femme. Elle eftoit fille de N. Michel de Revilafc Confeigneur de Chabeftan, & de Marguerite de Pierre fa femme. J'apprends cette alliance dans le teftament de Jean de Bardoneche III. du nom fon pere, duquel je viens de faire mention ; & le contract de mariage en fut paffé le 27. d'Avril 1574. Il a tefté le 22. de Mars 1632. ayant vefcu 92. ans. Sa femme en avoit fait autant le 23. de Ianvier 1606. Voicy leurs enfans.

Revilafc. Pierre.

1. Alexandre mentionné à la fuite.
2. André a fait branche.
3. Iean.
4. Cefar a fait branche.
5. Pierre, Prieur de S. Laurent de Grenoble & Confeiller Clerc au Parlement de Dauphiné.
6. Iudith.
7. Marguerite.
8. Ieanne.
9. Renée.
10. Sarra.

ALEXANDRE de BARDONENCHE, ou BARDONECHE, *Seigneur de Thorane, Saint Martin, Trefanes.*

XIV. Degré.

Celuy-cy prit le nom de Bardonenche, au lieu de Bardoneche. Il n'eft pas le feul de fa famille qui l'a fait ainfi ; car je trouve des homages en la Chambre des Comptes rendus par plufieurs perfonnes de cette famille qui ont porté le furnom de Bardonenche. Iean de Bardonenche, fils de Boniface de Bardonenche Chevalier, rendit homage le 9. de Ianvier 1334. Boniface fon pere fe furnommé

de

de Bardoneche en tous les actes où il paroit Queyron se
nomme de Bardoneche dans un homage qu'il rendit le 2.
du mois de Novembre 141 3. pour des biens qu'il dit avoir
par indivis avec les heritiers de Noble Bardouin de Bardonenche & non pas Bardoneche. Il y est aussi parlé de Noble
Joffrey de Bardonenche. Il est pourtant certain que dans
d'autres actes ces Queyron, Bardouin & Joffrey se surnom-
ment Bardoneche. Le même jour Obert de Bardonenche
rendit homage, & se qualifia fils de Noble Obert de Bardoneche. Lantelme de Bardoneche, qui compose le huictiéme
degré de cette Genealogie, est nommé Bardonenche dans un
homage du 26. de Novembre 141 3. que rendit pour luy N
Guy de Puyboson, & dans le même article il est parlé de NN.
Constant, & Pierre de Bardoneche bisayeul & grand oncle
de ce Lantelme, ausquels le surnom de Bardoneche est donné & à même temps celuy de Bardonenche à ce Lantelme, &
à Frelin son frere. Hugues, Loüis & Philipes de Bardonenche
rendirent homage au Dauphin Loüis en 1446. pour les Con-
seigneuries de Bardoneche, Rochemolard, Beular Navache
Rochemoles : Gabriël de Bardoneche presta aussi homage
avec eux. Lors que Iean 2. du nom fit son codicille l'an 535.
dont j'ay fait mention cy-devant il se surnomma de *Bardone-
chia* & l'an 1548. ayant testé en François suivant l'Ordonnan-
ce d'Abbeville il se dit de Bardonenche. On voit ainsi qu'en
même temps ceux de cette famille ont esté surnommez in-
differemment de Bardoneche ou de Bardonenche. J'ay veu
des lettres du pere de cét Alexandre où il signoit Bardoneche
& Bardonenche. J'ay esté obligé de faire voir par des exem-
ples que ces deux noms avoient esté communs à cette famille, afin que l'on ne creut pas qu'il y avoit quelque difference.
Ie reviens à Alexandre qui compose ce degré, & je dis que
pendant les guerres qui ont inondé plusieurs années nostre
Province de Dauphiné, à la fin du siecle precedent ou au
commencement de celuy-cy, il a eu l'honneur de se trou-
ver en divers combats, en plusieurs sieges, & en des occasions

P

fignalées. Monſieur le Preſident Expilly dit qu'il parut parmy ceux qui commandoient les gens de pied dans la bataille
de Pontcharra, où le fameux Leſdiguieres, qui fut en aprés
Conneſtable de France, battit les Savoyſiens, & leurs alliez
le 18. de Septembre de l'année 1591. Ce Preſident a deſcrit
cette bataille & parle advantageuſement de tous nos Gentilshommes Dauphinois qui y combatirent : il en a fait un
Hymne en vers François. Bardonenche ſuivit le même
Leſdiguieres lors qu'il partit avec 7000. hommes pour aller
ſecourir le Duc de Savoye en 1616. contre les attaques de
l'Eſpagnol ; ceux qui ont leu l'Hiſtoire de ce grand Homme
ſçavent bien que ce ſecours partit contre les Ordres de la
Cour, & que la Politique & l'honneur eurent le ſoin de ſa
conduite. Videl qui eſt l'Autheur de cette Hiſtoire, dit que
la compagnie des gens d'armes de Leſdiguieres eſtoit pleine
d'un grand nombre de Nobleſſe & de braves hommes la plus
part capables de commander ; Bardonenche en eſtoit un.
Il ſuivit ce même Heros en d'autres rencontres où il fit connoiſtre ſon courage. Il fut fait priſonnier avec le Duc de Crequy, & pluſieurs autres Seigneurs, dans l'entrepriſe qu'ils firent ſur la place d'Aiguebelle en Savoye, & commandoit une
Compagnie de Cavalerie. Il a vécu long-temps, & n'eſt
mort qu'en 1666. après avoir fait ſon teſtament le dernier
du mois de Iuin de la même année. Il avoit épouſé le 19 de
Iuin 1611. Lucreſſe de Montchenu, veſve de N. Hugues
de Calignon, Maiſtre ordinaire en la Chambre des Comptes de Dauphiné. Elle eſtoit fille de N. Iean de Montchenu
Seigneur de Beauſemblant, & de Loüiſe de Brenieu. Dans
le contract de mariage cét Alexandre de Bardonenche eſt
qualifié Lieutenant du ſieur de Morges, Goüverneur de la
ville de Grenoble & du Bailliage de Graiſivodan. I'y trouve le nom de trois filles qui appartenoient à l'époux ; ce qui
m'aprend qu'il avoit déja eſté marié ; en effet il avoit épouſé Chriſtophle Bloſſet, fille de N. Guillaume Bloſſet, & de
Iudith Clari.

Mont-
chenu.
Cali-
gnon.

Brenieu

Bloſſet.
Clari.

Du premier liét.

1. Caterine, Religieufe de l'Ordre de S. Bernard au Monaftere de Sainte Cecille de Grenoble.
2. Marie, Religieufe au même endroit.
3. Ieanne, mariée à N. Abel Difdier, Seigneur d'Alons. *Difdier*

Du deuxiéme liét.

4. Alexandre dont je parleray.
5. Cefar fieur de Champiné, qui d'Anne Peccat fa fem- *Peccat.*
me, fille de N. Iacques Peccat & d'Anne de Chafte a laifté *Chafte.*
Cefar & Lucrefle.

XV. Degré.
ALEXANDRE de BARDONENCHE
II. du Nom, Seigneur de Thorane, Saint
Martin, Trefanes, Confeiller du Roy en fes
Confeils & au Parlement de Grenoble.

Par diverfes commiffions qu'il a eués pour les affaires mêmes du Parlement, il a fait voir combien il en eftoit capa-
ble. Il a eu deux femmes. La premiere nommée Marie Armand, fille de N. Pierre Armand Confeiller en ce Parle- *Armad.*
ment, & d'Ifabeau Bremon, laquelle il époufa le 17 de *Bremon*
Septembre 1646. L'autre a nom Melchionne d'Engilboud, *Engil-*
fille de Noble René d'Engilboud, & de Icanne Tholofan. *loud.*
René d'Engilboud eftoit fils d'Hrcules d'Engilboud, & *Tholo-*
d'Heleine Artaud. Il n'a pas efté le feul de fa famille, *fan.*
ayant eu pour freres François, Iacques, Charles & Loüis
d'Engilboud, quelques-uns defquels ont efté Officiers
dans les Regiments de Chafteaubuc, d'Enrichemont, de

Sault & de Pierregourde. Leurs Armoiries font *de Gueu-*
les au Lyon d'Argent, traversé d'une fasce d'Or, chargée de
trois coquilles de Sinople.

Alexandre de Bardonenche a pour enfans.

Du premier lict.

1. Alexandre, Officier au regiment de Sault.
2. Pierre, Officier dans le regiment de Normandie.

Tholo-
fan.　　3. Ifabeau, mariée à N...... de Tholofan, Seigneur de
Saint Auban.

Pleche.　　4. Lucreffe, à N. Iean de Pleche, Seigneur de Saletes.
5. Louife.

Du deuxiéme lict.

6. Ieanne.
7. René.
8. Dominique.

BARDONENCHE
DES TENAUX.
II. BRANCHE.

ANDRE' *de* BARDONENCHE
Sieur des Tenaux.

XIV. Degré.

Second fils de N. Iean de Bardonenche & de Ieanne de Revilasc, épousa le 21 d'Octobre 1624. Enemonde de Reynard, fille de N. Iean de Reynard & de Iudith Dalphas. Il fut Lieutenant au Regiment de Sault, & testa le 8. de Septembre 1660. laissant pour enfans, *Reynard. Dalphas.*

1. André, sieur des Tenaux.
2. Alexandre, sieur de Morgeat.
3. Iudith, mariée à Pierre de Guichard, duquel le merite & la valeur porterent le Roy Loüis XIII. de luy accorder des Lettres de Noblesse au mois d'Aoust de l'année 1624. De ce mariage il y a eu Pierre de Guichard, sieur de Royson, Capitaine au Regiment de Sault. André qui suit aussi les Armes; & Ieanne. Leurs armoiries sont, *de Gueules à deux Espées d'Or, passées en Sautoir.* *Guichard.*
4. Anne.
5. Marguerite.
6. Ieanne.

BARDONENCHE
SOUVILLE.
III. BRANCHE.

XIV. Degré.   CESAR *de* BARDONENCHE
                sieur de Souville,

Autre fils de Iean de Bardonenche IV. du nom, & de Ieanne de Revilasc, a porté toute sa vie les Armes pour le service du Roy. En 1626. il estoit Lieutenant au Regiment de Sault. En 1635. Major au Regiment d'Enrichemont. En 1636. Capitaine & Major au même Regiment. Il a eu diverses commissions, desquelles il s'est acquité avec gloire. Il est mort l'an 1671. & de Ieanne de Clement sa femme il a laissé plusieurs enfans.

1. Sanson sieur de Tourres, qui a fait la guerre plusieurs années. Il est presentement marié avec Magdelaine de Chatency.

2. Iean, Capitaine au Regiment Royal.

3. Iacques.

4. Pierre.

5. Iuvenal.

6. Estienne.

7. Ieanne.

Genton.   8. Susanne mariée à N. François de Genton.

9. Anne.

Hellis.   10. Lucresse, femme de N. Iean d'Hellis.

11. Isabeau.

12. Marie.

BARDONECHE

OU

BARDONENCHE.

IV. BRANCHE.

V. Degré. GVILLAVME de BARDONECHE,
Chevalier Conseigneur de Bardoneche.

Dans un Rgistre de la Chambre des Comptes, intitulé *Compotus Bardoneckiæ* de l'année 1434. il est fait mention d'une reconnoissance faite l'an 1333. par Constant, Pierre, & Guillaume de Bardoneche freres, fils de Poncet, en faveur du Dauphin pour la parerie de Bardoneche. Ce Guillaume rendit homage à Humbert Dauphin l'an 1334. Il vendit sa portion de Bardoneche au même Dauphin Patriarche d'Alexandrie l'an 1352. c'est ce que j'apprends par un homage du 13. d'Aoust de la même année, rendu par Jeannon de Navaysse Demoiseau fils de Lantelme, au Dauphin Charles de France ; où il est encore parlé d'un homage rendu à Aynard de Bardoneche Chevalier, l'un des predecesseurs de celuy-cy, & Seigneur de Bardoneche, le 9. des Kal. de Novembre 1214. duquel j'ay déja parlé. Je n'ay pas sceu la femme de ce Guillaume, que quelques actes nomment Guillet, & d'autres Guillermet. Il eut pour fils,

VI. Degré. HENRY de BARDONECHE.

Il y a dans la Chambre des Comptes un homage de l'an-

née 1364. du 1. de May, rendu par N. Manuel Sage de Se-
cuse, de ce qu'il avoit acquis autrefois de N. Loüis de Bardoneche, fils de Perceval, & de Henry de Bardoneche fils de
Guillaume, qualifié Chevalier, par où il se justifie que Henry estoit fils de Guillaume. Il eut pour enfans.

1. Bardoüin qui suit.
2. Pierre, Aumônier du Prieuré de S. Michel.
3. Joffrey.

VII. *Degré.* BARDOUIN *de* BARDONECHE.

Rendit homage de ce qu'il avoit par indivis avec Joffrey
son frere, par acte du 20. de Mars 1350. où il parle de certaines libertez accordées à Guillermet son ayeul, par le
Dauphin Humbert. Il laissa pour fils,

VIII. *Degré.* JEAN *de* BARDONECHE.

Dans un Registre de la même Chambre des Comptes,
intitulé *Liber Copiarum Briançonÿ.* je trouve une Requeste
presentée en 1416. par les habitans de Bordoneche au Conseil Delphinal, où ils representent que N. Bardoüin de Bardoneche avoit eu en concession du Dauphin la moitié des
Taches du Mandement de Bardoneche. Que Jean fut son fils
& heritier, & ne laissa que des filles. Le reste de cette Requeste ne fait point à mon sujet. Ces filles y sont nommées.

Qui ne-
paye. 1. Mondete, femme de N. Jean Qui-ne-paye, Chaste-
lain Delphinal d'Exilles.
Boissel. 2. Caterine, alliée à N. Guillaume Boissel.
3. Berlionne.

BAUDET.

De Gueules à la Croix ancrée d'Argent.

Q

ALLIANCES.

AMBLEY.
ANCY.
AVRILLOT.
BERTRAND.
CREIL.
DEODATI.
GALLIEN.
GENICOURT.
HATOIS.
JULIAC.
LAMAY.
Le LIEUR.
MARCONVILLE.

MEJACT.
MOITREY.
MONTCHENU.
MONTAYNARD.
MORAS.
MOULINS.
PANQUALIER.
PICCARD.
POUILLY.
PRUDHOMME.
RICHARD.
ROUIN.
VAUMIERE.

ARBRE GENEALOGIQVE.

PREMIERE BRANCHE,

QVI EST CELLE

DE DAUPHINE'.

Falconnet I. 1287.

Roftaing.

Antoine 1330.

Falconnet II. 1389.

Hugonet 1426.   Antoine
                  a fait branche.

Philippes I.
Caterine de Moras.
Marguerite Richard.

Philippes II. 1485.
Blandine Pafqualier.

Guigues.   Claude 1523.   Exupere
         Marguerite Gallien.   Religieux.

Iean 1555.   Claude.
Antoinette Fornet.

André,   Iean.   Enemond,
Olimpe de Guichard.   Anne Gerlar.

Enemond,	Loüis,	Pierre,	François,	Anne,		Caterine,
Caterine	Charlote.	Eccl.	Iefuite.	Iean		Ioachim de
Boudral.	Moret.			Spie.		Montaynard.

Iean,	François.	Humbert,	Ieanne.	Anne,		Marie,
Iulie		Ecclef.		Ioachim de		I. Mathieu
Deodati.				Montchenu.		Bertrand.

DEUXIEME BRANCHE,

QUI EST CELLE

DU BARROIS.

Antoine 1431.
Ieanne du Harois.

Iean 1445.
Marie d'Ambley.

Paulet.	Iean 1528.		René.	Iean,	Ester.
	Barbe de Genicourt.			Eccl.	

Henry.	René 1532.	Iean.	Barbe,
	Claudine Prudhomme,		Iean
	Loüife de Poüilly,		d'Avrillot.
	Madelaine de Marconville.		

Giles.	Iean I.	Marguerite.	Loüife.	Iean II.	Nicolas,	Chreftienne,
Adrian.	Marguerite			Antoine.	Valance	Mery de Iuliaç
René I.	de Lamiy.				le Lieur.	
René II.						

Iean.	Alexandre
.....	a fait branche.

François,		Iean.	Marie-Yrfuline.	Anne,
Antoinette de Creil.				..... Picard,
				..... de la Vaumiere.

TROISIEME BRANCHE,

QUI EST CELLE

DE PARIS.

Alexandre 1619.
Nicole de Moulins.

Ponce-Alexandre,	Iacques,	Alix.	Marguerite.

HISTOIRE
ET
PREUVES.

L E S Familles ne demeurent pas toûjours au païs de leur origine, & souvent elles s'étendent dans des Provinces éloignées. Le Viennois a produit celle-cy. On l'a veuë premierement habiter dans la terre de Pinet, puis en celle de S. Saphorin. L'une & l'autre dans le Diocese de Vienne; & finalement en celle de Voiron au Diocese de Grenoble. Une Branche a demeuré long-temps dans le Barrois, & a étendu l'un de ses rameaux à Paris.

FALCONNET BAUDET,
I. Degré.   I. du Nom,

Eut un different avec le Dauphin; qui fut pacifié l'an 1287. par l'entremise d'Artaud Seigneur de Rossillon & d'Annonay, de Guy de Rossillon Seigneur de Serrieres & d'Anjou, Girard d'Ilins, Falquet du Puy, & Bartelemy de Bellegarde; qui se rendirent cautions de l'accomplissement du traitté, dans lequel fut compris Rostaing Baudet, fils de ce Falconnet.

II. Degré.   ROSTAING BAUDET.

L'exiſtance de celuy-cy eſt prouvée par le traitté dont je viens de parler, où il eſt nommé fils de Falconnet, & tous deux Gentilshommes de la terre de Pinet.

III. Degré.   ANTOINE BAUDET.

Le voiſinage de la terre de Pinet à celle de S. Saphorin d'Ozon, obligerent celuy-cy à acquerir du bien dans la der- niere, & il en fit homage au Roy Dauphin, qui eſt raporté dans une Reconnoiſſance de ſon fils.

FALCONNET BAUDET,
IV. Degré.   *I. I. du Nom.*

Reconnoit en faveur du Roy Dauphin ſes biens de S.Sa- phorin où il habitoit. Ce fut par acte tiré de la Chambre des Comptes de Dauphiné du 23 de Septembre 1389. où il eſt dit qu'ils avoient eſté autrefois reconnus par N. Antoine Baudet ſon pere. Il eut,
1. Hugonet qui ſuit.
2. Antoine a fait branche.

V. Degré.   HUGONET BAUDET.

Celuy-cy eſt compris parmi les Nobles du Viennois, dans une reviſion de feux de l'année 1426.

PHILIPPES BAUDET,
VI. Degré.   *I. du Nom,*

Moras   A eſté ſon fils, & marié deux fois. Premierement avec Caterine de Moras, d'une maiſon Noble dans le Viennois; je la crois fille de Noble Aymon de Moras, qui vivoit en 1437.

qui fut pere de Nobles Loüis & Guillaume de Moras;
& ce Loüis le fut de Caterine de Moras, femme de Noble
Guigues de Martel Seigneur du Layer. La deuxiéme femme de Philippes Baudet fut Marguerite Richard, de la maison de Saint Prix; laquelle estant sa veufve rendit homage
au ʀoy Dauphin, par acte du 20 de Juillet 1486. des biens
que son mary avoit laissés dans S. Saphorin.

Richard

Du premier lict.

1. Philippes qui suit.

Du deuxiéme lict.

2. Pierre.
3. Iacques.

PHILIPPES BAUDET,
II. du Nom.

VII. Degré.

Par une revision de feux de l'année 1475. les heritiers de
Philippes I. sont mis au rang des Nobles. Dans une convo-
cation des Nobles du Viennois de l'an 1485. pour prester
serment de fidelité au ʀoy, les mêmes heritiers y sont compris. Celuy-cy est nommé dans un roolle d'arriereban de
tous les Nobles de Dauphiné de la même année 1485. Tous
ces actes sont tirez de la Chambre des Comptes. Voicy les
enfans de ce Philippes II. qu'il eut de Blandine Panqualier
sa femme.

Pan-qualier

1. Guigues fut établi curateur de ses freres par Arrest
du Parlement de Grenoble du 4 d'Aoust 1491. & en cette
qualité il transigea avec Marguerite Richard veufve de son
ayeul le 8 de Novembre suivant. Il quitta le Viennois, &
vint s'établir dans le Graisivaudan. Il fut pourveu d'une
Charge de Secretaire en la Chambre des Comptes de Dauphiné en 1503. & y fut receu en 1504. Il acquit plusieurs

maiſons & heritages dans la Ville de Grenoble, & le 6. d'A-
vril 1515. il fit l'acquiſition de la maiſon forte deBeaure-
gard dans le Mandement de Voiron, de Noble George de
Dorgeoiſe. Il teſta le 13 d'Aouſt 1531. Dans ſon teſtament
il parle des Fideicommis contenus aux dernieres diſpoſi-
tions de Noble Falconnet Baudet, & autres ſes predeceſſeurs. Il legue à Claude ſon frere tous les biens paternels & maternels de leur maiſon, & fait ſes heritieres
les Religieuſes de Premol de l'Ordre des Chartreux, celles
de Sainte Claire de l'Ordre de S. François, & les Hoſpita-
lieres de l'Hoſtel Dieu de Grenoble. Il fut enterré dans l'E-
gliſe de Sainte Claire de Grenoble, où l'on voit ſon tombeau avec cét Epitaphe gravé ſur une pierre en lettre ancienne.

　　Pientiſſimo Guigoni Baudeto, Delphinalis ratiociny à ſecre-
tis fideliſſimo defuncto, qui ampliſſimum omne patrocinium ſuum
ſupremis tabulis egenis dedit, amicorum manibus dicatum, die
13 Augusti 1521.

　2. Claude a continué.

　3. Exupere, Religieux de S. Pierre de Vienne, où il faut
faire preuve de Nobleſſe.

CLAUDE BAUDET,
ſieur de Beauregard.

VIII. Degré.

La maiſon forte de Beauregard luy fut venduë par les
executeurs teſtamentaires de Guigues ſon frere, le 7 de Janvier 1523. Il fut compris parmi les Nobles de la Province
dans tous les roolles d'Arriereban; comme il ſe juſtifie par
des quittances depuis 1530. juſques en 1552. Il rendit homage Noble au Roy Dauphin dans la Chambre des Comptes le 16 de Juillet 1546. & le 4 de Septembre 1549. Il fit
ſon teſtament le 22. de Septembre 1542. Il avoit épouſé
Gallien Marguerite Gallien, fille de N. Jean Gallien, & d'Henriette
Mejat Mejact, du lieu du Paſſage en Viennois. Elle eſtoit d'une
　　　　　　　　　　　　　　　　　　　　　　　　Famille

Famille de laquelle font defcendus les Galliens . Chabons d'aujourd'huy. De ce mariage nâquirent,

1. Jean qui aura fon chapitre.

2. Claude, qui eft mort fans pofterité.

JEAN BAUDET
IX. *Degré.*   *Sieur de Beauregard.*

Luy & Claude fon frere font compris dans les Arrierebans en qualité de Nobles. Il en appert par des quittances dépuis 1555. jufques en 1580. & par deux Roolles du 19 d'Avril 1575. & 1. de Juillet 1580. Il eut pour femme Antoinette Fornet; & pour enfans.

1. André, qui fera la matiere du dixiéme Degré.

2. Enemond, qui époufa Anne Gerlat, & n'a laiffé que des filles, entr'autres Caterine Baudet, mariée le 11 de Mars 1644. avec N. Joachim de Montaynard, fieur de l'Eflaux. *Montaynard.*

4. Jean eft mort fans enfans.

X. *Degré.*   **ANDRE' BAUDET**, *Sieur de Beauregard , Confeiller Secretaire du Roy , & Greffier Civil au Parlement de Dauphiné.*

Naquit en 1586. Il porta les armes pour le fervice du Roy dés l'âge de 15 ans, & a fuivi cette profeffion jufques en 1608, qu'il fut pourveu de la charge de Confeiller Secretaire du Roy, & Greffier civil au Parlement de Grenoble. Il s'allia avec Olimpe de Guichard; & mourut en 1627. laiffant pour enfans.

1. Enemond fieur de Beauregard, Confeiller du Roy au Parlement de Grenoble; qui de Catherine Boudral fa femme n'a point eu des enfans.

2. Loüis qui fuit.

3. Pierre, Chanoine en l'Eglife Cathedrale de Noftre-

R

Dame, Official de l'Evêché de Grenoble, & Prieur de Saint Robert.

4. François, Religieux de la Compagnie de Jesus. Il est au Jappon depuis plusieurs années, prechant aux Infidelles.

5. Anne.

XI. Degré.

LOUIS BAUDET *Conseiller Secretaire du Roy Maison & Couronne de France, premier Greffier Civil, & Secretaire au Parlement de Dauphiné.*

A esté employé en des affaires tres-importantes, & a eu des Commissions extraordinaires, comme on peut voir dans les Registres du Parlement & de la Chambre des Comptes. Il a dressé plusieurs procez verbaux qui ont esté veus & estimez à la Cour & dans le Conseil de Sa Majesté; & particulierement celuy qu'il fit lors du jugement & de l'execution des sieurs de Thou & de Saint Marc dans la ville de Lyon. Il a épousé Charlote Moret, de laquelle il a aujourd'huy,

1. Jean sieur de Beauregard, Conseiller du Roy, Maistre Ordinaire en la Chambre des Comptes de Dauphiné, receu *Deodati* l'an 1668. s'est marié à Rome avec Julie Deodati, d'une ancienne & Noble Famille de Lucques, donc l'ayeul est mort Grand Gonfanonier de la Republique de Lucques, & a un oncle Grand Croix de l'Ordre de S. Jean de Jerusalem, & Grand Prieur de Venise. Il en a eu un fils nay à Rome, nommé Decio Alexandre; le Cardinal Adsolin a esté son Parrain, & la Reine de Suede sa Marraine.

2. François sieur de Ronziere, qui a succedé à son oncle en la charge de Conseiller au Parlement.

3. Humbert sieur de Fetigny, Prieur de Sant-Euze.

4. Jeanne.

Mont-chenu. 5. Anne, mariée à Noble Joachim de Montchenu, Seigneur de Thodure.

Bertrad 6. Marie, femme de Jean-Matthieu Bertrand, sieur du Fresne, Vibalif de Gap.

BAUDET, OU BOUDET DU BARROIS.

II. BRANCHE.

L A corruption ſe trouve auſſi communement parmi les noms que parmi les autres choſes qui y ſont ſujettes. Le nom de Boudet a eſté celuy de cette Branche, & je ne veux pas abſolument douter que les premiers de la Famille ne l'ayent même porté en Dauphiné. En effet Falconnet & Roſtaing ſon fils le prennent dans le traitté de l'an 1287. dont j'ay parlé au premier degré de la Branche precedente. Je ſuis obligé de faire cette reflexion, pour deſabuſer ceux qui pourroient ne pas croire que cette Branche eut l'origine de l'autre.

V. Degré.

ANTOINE BOUDET II.
du Nom, Seigneur de Remonville, Eſcuyer d'Eſcuyrie du Roy René de Sicille, Capitaine de la ville & du chaſteau de Clermont en Barrois.

Fut le premier qui quitta le Dauphiné ; & comme il étoit cadet, il s'attacha à René d'Anjou, & le ſuivit en Lorraine lors qu'il y fut épouſer la Princeſſe Iſabelle l'an 1431. Il eut pluſieurs chargés dans la maiſon de ce Prince. Il paſſa une procuration à N. Homme Hugues Baudet ſon frere pardevant du Val & Maliage, Jurez au Tabellionage de Varennes, Bailliage de Clermont en Argonne, le 5 de Novembre 1432. pour affermer quelques biens qui luy appartenoient à Pinette & autres lieux du Viennois. Il faut que ce ſoit Pinet, & non pas Pinette. L'acte eſt tiré de l'arche des contracts de la Prevoſté de Varennes. Jeanne du Hatois ſon E- *Hatois.* pouſe luy procrea.

VI. Degré.

JEAN BOUDET
Seigneur de Cheppy.

Noble Jean Gay Seigneur de Cheppy, fit une donnation

à celuy-cy, le 20 de Juillet 1445. de la Terre de Cheppy.
Ce fut en confideration des services qu'il avoit receu d'Antoine Baudet, pere de ce Jean. Saubelet du Hatois Escuyer,
oncle maternel, & tuteur du donnataire, parut dans l'acte.
Le donateur obligea Jean Boudet de porter ses Armoiries, qui estoient de Gueules à la Fasce d'Or, accom-
pagnée de trois Etoilles de même. Ses successeurs les
ont porté depuis, & aparamment ce fut par là que cette
Branche quitta les anciennes de sa maison. La femme de
Jean eut nom Marie d'Ambley, d'une famille ancienne du
Barrois. Elle luy procrea.

Ambley

    1. Paulet, Seigneur de Remonville, Guidon des Gens-
d'Armes du Comte de Ligny, où il n'y avoit que des Gentilshommes l'an 1485.

    2. Jean aura son Chapitre.

    3. René, Seigneur de Coutrisson.

    4. Jean, Chanoine de Nôtre-Dame de la Motte.

    5. Ester.

VII. Degré.
JEAN BOUDET II. *du Nom,*
Seigneur de Meligny, Conseiller ordinaire, &
Secretaire des Commandemens du Duc de
Lorraine.

Geni-
court.
    Eut pour femme Barbe de Genicourt, d'une famille du
Barrois, laquelle est éteinte, & portoit pour Armoiries *de Sa-*
ble à la Treffle d'Or. Un partage du 27 de Juin 1528. fait la
preuve de l'existence de celuy-cy, & de ses enfans nommez,

    1. Henry, Seigneur de Remonville.

    2. René suivra.

    3. Jean mourut sans enfans.

Auril-
lot.
    4. Barbe fut mariée à Iean Aurillot, Escuyer, d'une Fa-
mille qui a produit des Presidens en la Chambre des Comptes de Bar, & des Conseillers au Parlement de Paris.

RENE' BOUDET, *Seigneur de Meligny, de Vaſſincourt, de Courgeraines, & de Villetard, Preſident en la Chambre des Comptes de Bar.*

VIII. Degré.

Prud-
homme.
Povilly
Marc8.
ville.

Fut marié trois fois. La premiere avec Claudine Prudhomme. La deuxiéme avec Loüiſe de Poüilly. Et la troiſiéme avec Madelaine de Marconville. Un partage fait entres les enfans du premier lict, pour la ſucceſſion de leur mere le 25 de Ianvier 1551. prouve la premiere alliance & les fait connoiſtre. Le contract de mariage du 19 d'Aouſt 1632. juſtifie la deuxiéme, & celuy du troiſiéme mariage eſt du 24 de Fevrier 1556. René teſta le 23 d'Octobre de la même année. Ses Lettres de proviſions de Preſident en la Chambre des Comptes de Bar ſont du 19 de Septembre 1544. on y lit que déja il avoit eſté Auditeur en la même Chambre, Maiſtre des Requeſtes & Secretaire des Commandemens du Duc de Lorraine & que ce Prince l'avoit envoyé en qualité d'Ambaſſadeur en Allemagne, en France, en Eſpagne & en Flandre. Il ſe voit par le livre de la Boulaye Herault d'Armes & par les traitez & alliances de la Maiſon de Lorraine, qu'il fut envoyé vers l'Empereur Charles-Quint avec le Prince de Salme, pour traitter le mariage du Prince François de Lorraine fils du Duc Antoine avec Chreſtienne de Dannemark niece de cét Empereur. Voicy les noms des enfans que René eut de ſes trois femmes, que j'ay tirez d'une tranſaction faite entre eux, & homologuée au Bailliage de Bar le 10 de Decembre 1573.

Du premier lict.

1. Giles Grand Prevoſt de l'Egliſe de Noſtre-Dame de la Mothe.

2. Loüiſe femme de Iaques de Roitin Eſcuyer, d'une famille du Barrois originaire de Dauphiné. Roitin.

Ancy. 3. Renée mariée à Henry d'Ancy Escuyer, d'une famille tombée en quenoüille n'en restant que la Baronne de Roretay, & la Dame de Massembart.

Du deuxiéme lict.

4. Adrian mort à l'âge de 15. ans.
5. René mourut sans posterité.
6. René 2. fut moine de l'Ordre de Premontré.
7. Iean a continué.
8. Ieanne.
Moitrey 9. Marguerite espouse de Humbert du Moitrey Escuyer Seigneur de Cutines. Le Vicomte d'Aran qui demeure dans le Luxembourg est le chef de cette famille.
10. Louïse Religieuse à Iuvigny.

Du troisiéme lict.

11. Iean Segneur de Meligny Baillif & Gouverneur de Montmirail.
12. Nicolas Seigneur de Courgeraines espousa Valence le Lieur fille de Iean le Lieur Escuyer Conseiller au Parlement de Paris, puis Président en la Cour des Monnoyes. Le contract de Mariage fut fait le 30. de Septembre 1586.
13. Antoine Seigneur de Chemin.
Iuliac 14. Chrestienne fit alliance par mariage le onziéme d'Avril 1586. avec Mery de Iuliac Escuyer Seigneur de Manemire & de Beauvais en Brie.

IX. *Degré* IEAN de BOUDET
III. du nom Seigneur de Cheppy,

Lamay. Porta les Armes en Flandres & en Allemagne. Il se maria en Flandres avec Marguerite de Lamay & mourut peu de temps après, laissant pour enfans,

1. Iean qui ſuit.
2. Alexandre a fait branche.

X. *Degré.*　　　　　　　**IEAN** *de* **BOUDET**
　　　　　　　　　　　　　　IV. du nom.

S'eſt marié dans la Ville de Paris, & a traité de tous ſes droits ſucceſſifs avec Alexandre ſon frere. Il a eû pour enfans.

1. François Conſeiller & Commiſſaire en la Cour des Monnoyes, qui d'Antoinette de Creil ſa femme n'a laiſſé *Creil.* qu'une fille.
2. Iean Treſorier du Regiment des Gardes, n'eſt pas marié.
3. Marie-Urſuline.
4. Anne mariée en premieres nopces à . . . . Picard *Picard.* Maiſtre des Comptes de Paris. Et en deuxiéme nopces à . . . . de la Vaumiere cy devant premier Valet de Garde- *la Vau-* Robe du Roy. *miere.*

BOUDET DE PARIS

III. BRANCHE.

X. *Degré*　　　　**ALEXANDRE** *de* **BOUDET**
　　　　　　　　　Seigneur de Romagne & de Beüil
　　　　　　　　　l'un des Chevaux Legers de ſon
　　　　　　　　　Alteſſe de Lorraine.

Deuxiéme fils de Iean III. & de Marguerite de Lamay fit une tranſaction homologuée le 10. de Fevrier 1619. avec Iean & Nicolas ſes oncles. Il fonda deux Meſſes dans l'Egliſe de Romagne le 21 de Iuin 1648, de Nicole de Moulins *Mou-* ſa femme il a laiſſé *lins.*

1. Ponce-Alexandre qui ſuit.
2. Iacques Religieux Recollet.
3. Alix.

4. Marguerite.

PONCE - ALEXANDRE

T XLI Degré de BOUDET Seigneur de Pont-
boudet en Argonne, Conseiller du Roy
en la Cour des Monnoyes à Paris.

Il n'est point marié. C'est un homme d'excelent merite
sçavant aux belles Lettres & chery des personnes d'esprit &
de réputation particulierement du celebre Mr. Pelisson &
de la Sapho de nostre siecle, Mademoiselle de Scudery. Il a
ajouté en ses Armoiries deux fasces l'une au dessus des deux
estoilles du chef & l'autre au dessous de l'estoille de pointe,
& il met en écartélure les anciennes Armoiries de la famille
telles qu'elles sont a la teste de cette Genealogie. Il fut receu
en la Charge de Conseiller du Roy en la Cour des Mo-
noyes le 23. de May 1653. Il fit hommage Noble du fief de
Romagne, appellé vulgairement Pont-Boudet le 30. d'O-
ctobre 1663. à Mr. le Prince. Lors de la récherche des Nobles,
il a suffisamment prouvé l'ancieneté de sa Noblesse par les titres énoncez cy-devant.

D'YSE.

D'Argent au Lyon de Gueules traversé d'une Bande d'Azur,
chargée en chef d'une Fleur de Lys d'Or.

S

ALLIANCES.

AMEDE'E.
ANOELLE.
ARENES.
ARMAND.
ARTAUD.
BERTET.
BONIFACE.
BRENIEU.
CARITAT.
CROTTE.

MONTOLIEU.
OURCIERES.
PERRACHON.
Du PUY.
RENARD.
RIVIERE.
SYLVE.
TEMPLERY.
VAUSERRE.
VULSON.

ARBRE GENEALOGIQVE.

135

PREMIERE BRANCHE,

QUI EST CELLE

DE ROSANS.

Crapace 1414.
Lunette de Boniface.

Isnard 1473.   Honoré.   Iacques, Loüis. Iean, Bertrand. Honoradet. Vrbanie.
Marthe Amedée.   Eeclef.   Eccl.   Caterine Crotte.

Thomas.   Alonce 1520.   Antoine, Iacques.
Pierrette de   Peronne d'Ancelle.
Montolieu.

            Iean 1555.
            Ieanne d'Orcieres.

Iean-Antoine 1593. Pierre a fait branche   Marguerite.   Loüise.
Marie de Riviere.

François.
Susanne Renard.

Iacques 1660.   Pierre, François, Charles. Iustine.   Marie.   Ester. Marguerite.
Loüise Perrachon.   Iean   Henry de
                                 Artaud.   Caritat.

François.   Susanne

DEUXIEME BRANCHE,

QUI EST CELLE

DE SEISSINS.

Pierre.
barbe d'Arenes.

Pierre.   François.   I. Antoine.   Alexandre.
                                     Isabeau de
                                     Yauserte.

HISTOIRE

ET

PREUVES.

Y S E est une Parroisse de la Comté & de l'Evêché de Nice, bâtie sur un Rocher au bord de la Mer en Provence. Elle a donné son nom à cette Famille, qui a long-temps possedé les Terres de Monaco & de la Turbie, contiguës à celle d'Yse, & dont Rostang & Ferrand d'Yse prêterent homage l'an 1247. à Charles d'Anjou Comte de Provence, I. du Nom, frere du Roy S. Loüis, & Mary de Beatrix Berenger, heritiere de la Comté de Provence. C'est ce que rapporte Nostradamus en l'Histoire du même Païs part. 3. pag. 112. où les Armes de la Famille sont empreintes & blazonnées; voicy ses termes. *Les mesmes devoirs de Vasselage avec des beaux & honnorables presens, presterent Rostang & Ferrand de Ysia, Seigneurs de la Turbie, qu'on appelloit ancienement* Trophea Augusti, *& de Mourgues, que Ptolomée nomme* Portus Monicus, *& quelques autres* Portus Herculis, *Famille qu'on trouve encore droite en Provence, à Aix, à Tarascon, & en Dauphiné, qui tiennent l'Ecu d'Argent à un Lyon rampant de Gueules, traversé d'une Bande d'Azur, chargée en chef d'une Fleur de Lys d'Or.* Au rapport de cét Historien, on voit que déja de son temps cette Famille avoit donné une de ses branches au Dauphiné.

Les reconnoiffances paffées en faveur des mefmes Ro-
ftand & Ferrand d'Yfe le 24. de Iuillet 1245. par les habitans de Monaco & de la Turbie, regiftrées au Regiftre *Par-
gamenorum*, confervé aux Archives du Roy en la Chambre
des Comptes de Provence, & plufieurs autres actes font auffi
voir leur exiftence.

Les mefmes Archives font foy que l'année 1264. & 17.
ans aprés l'homage de 1247. Roftang & Ferrand d'Yfe, Seigneurs de la Turbie, & de Monaco, accompagnerent Charles Comte de Provence en la conquefte du Royaume de Naples & de Sicile; & Noftradamus page 238. de la mefme Hiftoire les nomme parmy ceux des Familles Illuftres qui fui-
virent ce Prince dans cette glorieufe expedition.

Ils firent un long fejour à Naples, & y laifferent leur pofterité; car en 1310, Robert Duc de Calabre, XIII. Comte
de Provence, Eftant allé prendre poffeffion de ce Royaume,
fit & inftitua plufieurs Comtes; & entr'autres Pierre Coffa
d'Yfe Comte de Bellanto; & la mefme année ce Prince ayant
conduit une armée de Naples en Sicile contre Frederic,
Pierre Coffa d'Yfe fut du nombre des Seigneurs qui l'accompagnerent : c'eft ce que rapporte le même Noftradamus pag.
375. & 376.

Ces remarques hiftoriques ont efté neceffaires pour ju-
ftifier que la Provence eft le païs d'origine de cette Famille,
& que Naples l'a poffedée quelque temps. Maintenant je
viens à Crapace d'Yfe qui eft celuy qui l'a rétablie en Provence, que je prouve nettement eftre l'un des fucceffeurs de
ceux qui ont fait leur fejour dans le Royaume de Naples
pendant plus de fix vingts ans. C'eft à luy feulement que je
commence le premier degré de cette Genealogie, en éta-
bliffant la defcendance & la filiation de cette Famille fans
aucune interruption par contracts de mariage, teftamens,
partages, & autres actes authentiques; ne pouvant pas ar-
ticuler une filiation depuis Pierre Coffa d'Yfe Napolitain
jufqu'à Crapace d'Yfe, pour n'avoir veu aucun titre ny au-

cun Hiſtorien qui m'ait appris le nom de ceux qui ont paru
entre deux.

I. Degré.   CRAPACE D'YSE,

Quitta Naples, & fut attiré à Marſeille par le reſſouvenir
du païs de ſes Ancêtres. Il ſuivit Loüis Comte de Provence,
dans toutes ſes guerres, & dans les voyages qu'il fit en divers temps en Italie & en Provence. Ce Prince luy donna
ſuffiſamment du bien pour luy oſter le regret qu'il pouvoit
avoir en abandonnant le païs de ſa naiſſance. La Chambre
des Comptes de Provence a dans ſes Archives au Regiſtre
Crucis fol. 173. *verſo.* le don que luy fit, & à Jacques ſon
fils Loüis III. du Nom, Roy de Hieruſalem, & de Sicille
Duc d'Anjou & Comte de Provence, des Iſles de Mer de
Marſeille, & des droits de Ban au Terroir de cette Ville,
en recompenſe des ſignalez ſervices que Crapace d'Yſe *luy avoit
rendus tant par mer que par terre dans toutes les occaſions de
guerre qui s'eſtoient preſentées.* C'eſt ainſi qu'en parlent les
Lettres de don. On y lit encore que Crapace eſtoit nouvellement venu habiter dans la Ville de Marſeille. Elles ſont
du 14. d'Octobre 1424. & furent verifiées & enregiſtrées
en la meſme Chambre des Comptes le 15. de May 1425.
Il mourut à Marſeille, & fut enſevely dans une Chapelle
qu'il avoit fondée en l'Egliſe Cathedrale de ſainte Marie
Major. Le Pere Jean-Baptiſte Gueſnay de la Compagnie de
Jeſus dans ſon Livre intitulé, *Provincia Maſſilienſis Annales,
ſive Maſſilia gentilis & Chriſtiana fol.* 110. ſous le titre de ſaint
Reſtitut nomb. 3. ſur la fin parle de cette Chapelle & du
Tombeau de Crapace d'Yſe en ces termes. *In Templo Cathe-
drali Maſſilienſi ſanctæ Mariæ Majoris, Ara & Sacellum huic S.
Reſtituto dedicatum habetur in quo tumulus optimo Albario Ex-
politus, ac Sepulchrum viſitur hæreditarium cum ſimbolis gentilitiis
familiæ antiquiſſimæ ac Nobiliſſimæ Crapacij de Yſia Neapolitani, qui
inter aulicos & regiarum partium æmulatores pro Rege Ludovico*

III. utriusque Siciliæ Rege ac Comite Provinciæ Massiliam trajiciens, sedem ibi ac domicilium multis à Rege prærogativâ juribus auctus collocavit an. 1424. ante hanc igitur Sancti Restituti aram ex ædificato privati usus sepulchro tum ipsius Crapaci parentis ossa & cineres, tum posterorum honnorati, Iacobi, Ludovici, Ioannis de Ysia, cæterorumque deinceps terra humati sunt. Cet Autheur dans ce discours rapporte une partie de l'Epitaphe de Crapace d'Yse que l'on voit sur son tombeau ; l'on y remarque l'ancienneté de la Noblesse de cette Famille, & cette verité que Crapace d'Yse estoit venu de Naples à Marseille. Il eut de Lunette de Boniface sa femme,

Boniface.

1. Isnard qui a continué.

2. Honoré, en faveur de qui le Roy René Comte de Provence, apres la mort de Crapace son pere, confirma en partie le don des Isles de mer & droit de Ban de Marseille, que Loüis III. Comte de Provence avoit precedamment fait à son pere & à Jacques son frere. Il en appert par des Lettres Patentes du 19. de Juillet 1477. confirmées & reiterées le 19. de Novembre 1478. ausquelles sont jointes les Lettres d'attache & de jussion de Baudricourt Gouverneur de la Province, pour le faire joüir de cette concession du 9. de Juillet 1483. Elles sont regitrées aux mêmes Archives. Je les ay veuës en original, m'ayant esté remises par le chef de la Famille. Honoré d'Yse fut premier Consul de Marseille en 1489.

3. Jacques, Chanoine de Marseille.

4. Loüis.

5. Jean, Religieux de S. Victor, & Prieur de S. Nicolas.

6. Bertrand.

7. Honoré II. dit Honoradet, Viguier de Tarascon en 1468. & premier Consul de la même Ville en 1477. Eut pour femme Caterine Crotte, fille de Noble Iacques Crotte de Marseille. Il fit branche fondüe en la maison des Bertets de Tarascon, d'où est issu Messire I. Bertet Doyen du Chapitre de l'Eglise de Sainte Marthe de Tarascon, ensuite de la nomination du Roy.

Crotte.

Bertet.

8. **Urbanie.**

Cette filiation est justifiée, premierement par un contract de vente passé par Jacques d'Yse, Chanoine de Marseille, tant en son nom que d'Isnard, Honoré, Bertrand, Honoradet & Urbanie d'Yse, enfans & heritiers de Crapace, d'une maison située à Marseille, laquelle avoit appartenu à Crapace leur pere. L'acte est du dernier de May 1458. receu par Jean Jullian Notaire de Marseille. En deuxieme lieu, par une procuration passée par Honoré d'Yse Viguier de Tarascon à Isnard d'Yse de Marseille, & Jean d'Yse Prieur de S. Nicolas ses freres, pour transiger sur ce qui restoit deu à cét Honoré de la dot de Catherine Crotte de Marseille sa femme ; cette procuration est du 3. de Novembre 1468. receuë par Antoine Heyraudy Notaire de Tarascon. En troisiéme lieu, par le partage des biens de Crapace, fait entre Isnard & Honoré d'Yse freres, en qualité de fils & coheritiers de Crapace d'Yse, en presence de Jean d'Yse Prieur de S. Nicolas leur frere, du 20. de Decembre 1473. receu par Barthelemy Darnesy Notaire de Marseille. Et finalement par la donnation faite entre-vifs, par Demoiselle Lunette de Boniface, vefve de Crapace d'Yse de la Ville de Marseille, à Isnard d'yse son fils, de tous ses biens. Elle est du 19. d'Aoust 1474. receuë par André Payany Notaire de Marseille.

ISNARD D'YSE,

II. *Degré.* *Gouverneur de Madremagne en Catalogne,*

Fut pourveu du Gouvernement & Capitainerie de Madremagne en Catalogne en 1470. par le Roy René Comte de Provence ; comme le mesme Nostradamus le rapporte page 631. de l'Histoire de Provence ; son Alliance fut avec Marthe Amedée, fille de Noblo Guillaume Amedée & de Caterine Cardette. Il en eut

Amedée. Cardette

1. Thomas qui épousa Pierrette de Montolieu de Marseille. Il continua & fit branche, de laquelle est issu Marc-Antoine d'Yse Receveur Général des Finances de Provence, qui n'a qu'une fille nommée Therese mariée à N. Marc-Antoine de Tenipléry, Conseiller du Roy en la Cour des Comptes, Aydes & Finances de la même Province.

2. Alonce qui suit,

ALONCE D'YSE,
Seigneur de Vaumeil.

Le testament de Marthe Amedée vefve d'Isnard d'Yse, & mere de Thomas & d'Allonce d'Yse, du 3. de Septembre 1505. receu par Guillaume Ollivárij, Notaire de Marseille, fait mention de ces deux freres; Honoré d'Yse frere d'Isnard fit une donnation entre-vifs, en presence du Juge du Palais de Marseille, à cét Alonce d'Yse son neveu, qu'il qualifie fils d'Isnard, ce fut de tous les droits succeffifs & pretentions qu'il pouvoit avoir pour fa part dans les biens de Crapace d'Yse & de Lunette de Boniface fes pere & mere, & outre ce de la moitié, concernant Alonce des sommes desquelles Isnard d'Yse, son pere estoit debiteur en son propre d'Honoré. L'acte est du 27. de Decembre 1507. pardevant Pierre Morlary Notaire de Marseille. Thomas & Alonce d'Yse freres, transigerét en qualité de fils & heritiers d'Isnard avec les Freres Mineurs de Marseille, fur un procez meu avec leur pere; par acte du 7. de May 1508. receu par Jean Caradet Notaire de Marseille. Alonce contracta mariage avec Peyronne d'Ancelle, Dame d'Astoing & de Vaumeil

fille de N. Antoine d'Ancelle le 15. d'Avril 1520. receu par Mérlery Notaire d'Aix. Ce mariage donna lieu à Alonce de changer d'habitation; car il quitta la Ville de Marseille & vint habiter dans la Terre de Vaumeil, dépendante du Diocese de Gap & du Baillage de Sisteron, proche de la Riviere de Durance, dans les Montagnes de Provence contiguës à celles de Dauphiné. Les habitans de Vaumeil passerêt des Reconnoissances Feodales en sa faveur, comme mary de Peyrône d'Ancelle en 1534. & trâsaction sur divers droits & pretentions qu'Alonce d'Yse & Peyronne d'Ancelle avoient contre eux receuë par Jean d'Aigremont Notaire de Sisteron, le dernier jour de Septembre de la mesme année. La donnation & cession qui fut faite a Alonce d'Yse, par Peyronne d'Ancelle sa femme le 12. d'Octobre 1542. receuë par le mesme Notaire establit encor tres-particulierement le changement d'habitation de Marseille à Vaumeil qu'avoit fait Allonce. Il eut pour fils.

JEAN D'YSE, *Seigneur de Vaumeil.*

IV. Degré.

Peyronne d'Ancelle sa mere, l'institua son heritier par son testament du 4. de Juillet 1538. receu par le mesme d'Aigremont : elle le surnomme d'Ancelle. Il contracta mariage le 18. d'Avril 1555. receu par Reynaud Lumbard Notaire de Ventavon, avec Jeanne d'Orcieres, file de N. Esprit d'Orcie- *Orcieres,* res, & de Marguerite Sylve, en presence de NN. Nicolas & *rel. Sylve.* Antoine de Baratier du lieu de Vaumeil, cousins germains de l'Epoux, de Caterine & de Jeanne d'Orcieres, sœurs de l'Epousée, laquelle testa le 20. de May 1587. pardevant Martine Notaire de Vaumeil. Elle estoit veufve de ce Jean d'Yse, auquel elle procrea,

    1. Jean Antoine, qui aura son Chapitre.
    2. Pierre a fait branche.
    3. Marguerite.
    4. Loüise.

JEAN-ANTOINE D'YSE,

Capitaine des Gardes du Conneſta-
ble de Leſdiguieres , & Gouverneur
V. Degré.   *du Chaſteau d'Exilles & de la Val-*
lée d'Ouls ; Seigneur de Roſans,
Gentil-homme Ordinaire de la Mai-
ſon du Roy,

S'attacha aux armes lors des guerres civiles de la Religion,
& ſuivit François de Bonne Seigneur de Leſdiguieres , qui
fut en aprés Conneſtable de France en diverſes occaſions,
que ces guerres ſitent naiſtre en Dauphiné, & qui ſuſciterent
pluſieurs combats entre les Ligueurs & ceux de la Religion
proteſtante que celuy-cy avoit embraſſée. Il fut Capitaine
des Gardes du meſme Seigneur, duquel il acquit la Terre de
Roſans , dont il receut l'inveſtiture de la Chambre des Comptes de Dauphiné le 6. de Fevrier 1601. & en preſta homage
l'an 1610. à la maniere des Nobles aprés avoir ſuffiſamment
prouvé ſa qualité ſuivant l'Uſage de cette Province , avant le
cadaſtre à l'égard des étrangers qui venoient y habiter, comme avoit fait celuy-cy. Ce fut avec honneur qu'il commença de paroiſtre en Dauphiné, & le fameux Conneſtable de
Leſdiguieres , qui ne ſe trompoit jamais dans les choix de
ceux qu'il employoit aux commiſſions de la guerre où il
eſtoit particulierement attaché , en donna à Roſans, qui
répondirent à l'eſperance que ce grand homme en avoit
conceuë. Il avoit eſté pourveu en 1594. du Gouvernement
d'Exilles , & eſtant ſorty de cette Place avec quelques hommes pour aller combattre le Colonel Pontus dans la Vallée
de Prajella ; il le battit, & défit douze cens Savoiſiens qu'il
commandoit. Lors que Leſdiguieres fit deſſein de prendre
le Fort de Barraux ſur le Duc de Savoye l'an 1598. il diſtri-
büa des ſoldats & des échelles à ceux dont le courage luy
eſtoit parfaitement connu. Roſans eut cinq échelles & des

Arquebufiers d'Elite; c'eft ainfi qu'en parle Loüis Videl ch.
7. & 9. de l'Hiftoire du Conneftable. Henry IV. luy avoit
donné un brevet de Gentil-homme de fa Chambre le 15. de
Janvier 1601. Loüis XIII. luy en donna un femblable le 2.
de Mars 1613. Il avoit époufé le 27. d'Aouft 1606. Marie
de Riviere, fille de Jean de Riviere, Efcuyer du Roy & Sei- *Riviere*
gneur de Vaux-la-Reine, & de Juftine de Bremieu. Il tefta *Bremieu*
le 18. d'Aouft 1612. & laiffa un feul fils qui fera la matiere du
fixiéme degré.

FRANCOIS D'YSE,
Seigneur de Rofans, de Chafteau-
neuf-de-Mazene, de Saleon, &c.
Confeiller du Roy au Parlement de
Grenoble,

VI. Degré.

A pris alliance avec Sufanne de Renard, fille de Flo- *Renard*
rent de Renard Seigneur de S. Jullien & d'Avançon, Confeiller du Roy en fes Confeils, & Premier Prefident en la
Chambre des Comptes de Dauphiné, & de Marguerite Ar- *Armand*
mand, par contract de mariage du 17. de Novembre 1633. il
eft encore vivant; & aprés avoir exercé plufieurs années la
Charge de Confeiller au Parlement de Grenoble, il l'a refi-
gnée à Jacques fon fils. Il a pour enfans,

1. Jacques dont je feray mention.
2. Pierre fieur de l'Eftan, mort Capitaine au Regiment
de Turenne au dernier Siege de Dunkerque, aprés s'y eftre
fait connoiftre en homme de cœur. Il r'alia les Fuyards lors
de l'attaque de cette Place, & gagna une demy lune le lende-
main, par la perte de tous ceux prefque qu'il y commandoit.
Il y fut bleffé d'un coup de moufquet à la jointure de l'épaule
gauche au deffaut de la cuiraffe, & eftant porté à Mardic, le
Roy dans fon paffage le fit arrefter, & aprés l'avoir veu, il le
recommanda, & l'honora des témoignages de fon affection, il
mourut de fa bleffure quelques jours aprés.

3. François, Capitaine dans le Regiment de Picardie.

4. Charles a combatu en Flandres pour le service du Roy dans les dernieres guerres où il estoit Cornette au Regiment de Fourrilles, & aprés de Bethune, il est à present dans celuy du Marquis de Neré.

Arraud   5. Justine femme de N. Iean Arraud de Montauban, Seigneur de la Roche sur le Buys.

Caritat   6. Marie Epouse de N. Laurent de Caritat, Seigneur de Condourcet.

7. Ester.

8. Marguerite.

JACQUES D'YSE,

VII. Degré.   *Seigneur de Salcon, Conseiller du Roy au Parlement de Grenoble,*

Perra-   A épousé le 2. de Septembre 1660. Loüise Perrachon, fil-
chon.   le de N. Marc Perrachon, Seigneur de Pontaix, du Collet,
Vulson.   &c. Conseiller au mesme Parlement, & de Françoise de Vulson, & petite fille de N. Jean Perrachon, Receveur des Consignations de la Ville de Lyon. Les Armoiries de cette Famille sont *Coupé d'Or & d'Azur à la Grüe de l'un en l'autre.* Jacques d'Yse a deux enfans.

1. François.

2. Susanne.

D'YSE DE SEISSINS.
II. BRANCHE.

PIERRE D'YSE, *Lieutenant,*

V. Degré.   *puis Gouverneur du Fort d'Exilles,*

Fils puis-né de Iean d'Yse & de Ieanne d'Orcieres ; s'est

allié avec Barbe d'Arenes, par contract de mariage du 10. de Ferrier 1597. Il fut premierement Lieutenant de Iean-Antoine son frere au Gouvernement d'Exilles, puis il en fut fait Gouverneur, son frere estant mort, & fut aussi Capitaine de deux Compagnies entretenuës; il eut mesme une commission de lever un Regiment. Il testa le 13. de Septembre 1641. & eut pour enfans.

1. Pierre, qui fut tué au Siege de Valence en 1635.

2. François mourut au mesme endroit.

4. Iean-Antoine en fit de même.

4. Alexandre a continué.

ALEXANDRE D'YSE,

VI. Degré   *Capitaine au Regiment de Lesdiguieres, & Conseigneur de Seissins.*

A long-temps fait la guerre pour le service du Roy. Il a épousé l'onziéme d'Avril 1654. Isabeau de Vausserre, fille de N. Cesar de Vausserre Baron des Adrets, & de Marguerite du Puy-Montbrun, & n'a qu'une fille nommée Isabeau.

LANCELLIN.

De Gueules à trois Croissans montans d'Argent, deux & un.

V

ALLIANCES.

ALLAMAN.	MARSANE.
du FAURE.	du PILLON.
FLOCARD.	SAINT-FERREOL.
GUILLAUMONT	

ARBRE GENEALOGIQVE.

Nicolas 1591.
Gabrielle de Saint-Ferreol.

Iacques 16.7.
Alexandrine de Saint-Ferreol,

| Aymar. Charlote de Guillaumont. | Scipion. Abbé de Cruas. | Louys-Emé. |

Iean-Antcine. Isabeau du Pillon.　　Scipion.

Scipion. Lagrent. François, Alexandre. Marie. Isabeau.

HISTOIRE

ET

PREUVES.

ORS des guerres civiles de la Religion, la France n'avoit point de Province qui ne fust agitée par l'interest de la ligue, ou par celuy des Protestans; mais sur toutes, celle de Dauphiné ressentoit violemment ces agitations. Elle n'avoit point de Ville, de Bourg, ny de village où ces mêmes interest ne produisissent la desolation & le desordre par des quereles & des démelez qui naissoient tous les jours, ou par un pretexte de Religion ou par celuy de l'Estat. Ainsi on peut dire que la guerre avoit establi son empire dans cette miserable Province. Nicolas de Lancelin originaire de la Ville de Mans, où sa famille avoit toûjous vescu Noblement & eu de beaux emplois, estant né pour la guerre & ne trovant pas que dans son pays elle luy peut donner dequoy exercer son courage fust attiré en Dauphiné par le bruit de celle de cette Province, il y prit party & s'y estant establi honorablement, il y fit venir son neveu duquel je vais décrire la posterité aprés avoir parlé de son oncle qui fera la matiere du premier degré.

NICOLAS *de* LANCELLIN,

I. degré.   *Seigneur de la Roulicre Lieutenant au Gouvernement de Valance, puis Gouverneur de Monteillimart.*

La valeur & la personne deMontbrun,&deLesdiguieres luy estoient en veneration, mais leur party & leur Religion ne furent pas de son gout, tellement qu'estant arrivé en Dauphiné, il se jetta d'abord dans les troupes Catholiques, & soûs Rambaud de Simiane Marquis de Gordes Lieutenant de Roy en cette Province, avec lequel il se trouva en diverses occasions & plusieurs combats contre les Huguenots : mais le Roy Henry IV. ayant succedé à laCouronne,le party deLesdiguieres n'estant plus celuy de la Religigion,mais celuy du Roy,Lancellin se joignit à luy & marcha contre les rebelles où il donna des marques de si grand courage que sa Majesté l'ayant sceu le recompensa de la charge de Lieutenant au Gouvernement de la Ville & Citadelle de Valence, & dans cette charge il sauva deux fois cette Ville des attaques & des entreprises des ennemis du Roy, abbattit les eschelles plantées contre la Citadelle & les chassa d'aupres des murailles. Il fut fait ensuite Gouverneur de la Ville & de la Citadelle de Monteillimart qu'il conserva contre les ennemis quand elles furent attaquées à force ouverte, mais qu'il ne peut défendre contre la trahison d'un de ses beaux-freres qui luy ayant subtilement osté un de ses gands le porta à celuy qui gardoit une des portes de la Citadelle,qui l'ouvrit à la veuë de ce gand qui luy fut presenté comme une marque de commandement, les ennemis y entrerent & obligerent Lancelin & la garnison d'en sortir. Il se retira à la Rouliere dans le bas Dauphiné qu'il avoit acquis, vint mourir à Valance dont il estoit toûjours Lieutenant de

Roy. Il eut aussi un Regiment dans les troupes de la Va-
lete, & donna par tout de témoignages visibles d'une grande valeur; ainsi que sa Majesté le luy escrivit plusieurs-
fois & particulierement l'année 1591. & reconnut les services qu'elle en avoit reçus par plusieurs emplois militaires qu'elle luy donna. Sa femme eut nom Gabrielle de S. *Saint-
Ferreol fille de Noble Claude de S. Ferreol, & d'Isabeau *Marsane.*
de Marsane de laquelle il n'eut point d'enfans : Jacques son
neveu luy succeda , & il l'adopta comme son fils ce qui
m'oblige à le mettre dans le deuxiême degré.

JACQVES de LANCELLIN
Seigneur de la Rouliere ,

II. degré ·

Il mourut brigadier dans la Compagnie des Gardes du
Corps du Roy, & Gentilhomme de sa Chambre; & avoit
esté Capitaine de deux cent hommes de pied au Regiment de Monteyson, & ensuite Capitaine dans le Regiment du Passage; il se trouva aux sieges de la Mure d'Or-
mieu , de Monteillimart, d'Urre, & autres. Il passa en
Savoye avec l'armée du Duc de Crequy, & fit differentes
belles actions comme Sa Majesté luy témoigna par plusieurs lettres qu'elle luy escrivit aux année 1601 & 1602
où elle declare qu'elle le consideroit comme le successeur
de Nicolas de Lancellin son oncle, les services duquel ê-
toient encore dans sa memoire, il en fait un aveu dans ces
mêmes lettres, où il dit que comme Jacques avoit succedé
aux biens de son oncle il vouloit qu'il succedast à ses honneurs & à l'affection qu'il luy portoit, tellement que j'ay
eu raison de mettre Jacques dans le deuxiéme degré de
cette Genealogie, l'ayant consideré comme le fils adoptif
de l'autre , non seulement par le consentement de Nicolas mais encore par celuy du Roy & par sa volonté; en
ayant fait une expresse declaration. Jacques ne peut jouïr
long-temps de cette gratification il fut assassiné en 1610.

Son alliance fut avec Alexandrine de S. Ferreol fille de Noble George de S. Ferreol & d'Alexandrine Flocart ; elle se remaria à Noble Pierre du Faure la Riviere President au Parlement de Grenoble & en eut des enfans. Voicy ceux du premier lict.

1. Aymard dont je parleray.

2. Scipion Abbé & Seigneur de Cruas, qui mit la Crosse bas pour prendre l'Espée, & défendit Cruas contre les troupes Huguenotes commandées par le Duc de Rohan.

3. Louys-Emé, Ayde de Camp & Capitaine au Regiment de Normandie, où il est mort, l'ayant plusieurs fois commandé comme plus ancien Capitaine.

III. Degré.　AYMAR de LANCELLIN,
Seigneur de la Rouliere.

Il commença à l'âge de 18 ans de porter les Armes, & il n'en avoit que 19 lors qu'il fut pourveu d'une compagnie de gens de pieds au Regiment de Montreal ; & en cette charge il se trouva aux sieges de Privas, Vals, Vassan, & Villeneufve. Il signala son zele contre les rebelles quoy qu'ils fussent ses voisins, & il leva à ses dépens une compagnie de cent hommes, avec lesquels il se jetta dans la place des Tourrettes, où il s'opposa aux courses des ennemis. Il suivit ensuite l'armée de Languedoc, & fut au siege de Montpellier. Il fut fait Gouverneur de Cruas par le Marechal de la Force, & le défendit avec ses freres & 60 hommes contre l'armée du Duc de Rohan, qui fut contraint de lever le siege, après avoir battu 15 jours cette place avec deux pieces de canon. Il fut fait Capitaine au Regiment de Forets par lettres du 6 de Novembre 1635. Tout ce que je viens d'alleguer est prouvé par plusieurs certificats des Generaux d'Armée, par où il se justifie qu'il avoit porté les armes pour le service du Roy plus de 25 ans. Il mourut pour le même service le 8 de Fevrier 1640.

au fiege de Thurin, où il eftoit dans l'Arriereban de Dau- _{Guillau-}
phiné. Il avoit époufé Charlote de Guillaumont le 19 de _{mont.}
Decembre 1623. Elle avoit pour mere N. Allaman de _{Allaman}
Chafteauneuf. Il tefta le 5 d'Avril 1636. Voicy fes enfans.

    1. Jean-Antoine, qui a continué.

    2. Scipion mourut à Modene eftant Capitaine de Chevaux legers dans les troupes du Duc.

IV. Degré.   JEAN-ANTOINE de LANCELLIN,
Seigneur de la Roulicre.

A l'âge de 18 ans il fut fait Enfeigne au Regiment de Normandie, & avec fon Drapeau il combatit au fiege d'Orbitelle, & commanda fouvent des hommes deta-chez. Il parut au combat & à la prife de Tallamont, & à celle de Saint-Stephano. Il fut pourveu d'une compagnie de gens de pied au Regiment de Languedoc, par lettres du 14 de Juin 1648. Et en cette charge il fe fignala à la levée du fiege de Guife, & à la fameufe bataille de Re-thel, avant laquelle ayant efté commandé avec 150 hom-mes detachez, il les mena jufques aux portes de la ville, & prit les faux-bourgs des Minimes; c'eft ce que m'ap-prennent plufieurs certificats. Enfin le Regiment dans lequel il avoit fa compagnie s'eftant jetté dans un party contraire; il ayma mieux quitter fa compagnie que de le fuivre, & il fe retira en Dauphiné, où il contracta maria-ge le 20 de Janvier 1652. avec Ifabeau du Pillon, fille _{du Pillon} de Noble Henry du Pillon Seigneur de Bouvieres, laquel-le luy a procreé,

    1. Scipion, Prieur de Luffas.

    2. Laurent, Capitaine au Regiment Lyonnois, qui s'eft fignalé aux fieges de Grez, Befançon, Dole Salins, Jouc, Sainte-Anne, & autres dans la Comté de Bourgo-gne; puis la campagne fuivante en ceux de Dinan, de Huis & Limbourg. Et l'année derniere eftant en garni-

son à Landrecies, il en fut tiré par detachement avec cent hommes pour aller joindre le Baron de Cuiosy dans le Cambresis. Et garda deux mois le poste d'Ognies, à la portée du canon de Cambray avec beaucoup de vigilance, ainsi que le même Baron de Cuiosy le témoigne par son certificat du 30 d'Octobre 1676,

3. François, Lieutenent au même Regiment, où il a donné plusieurs fois des marques visibles qu'il suivra l'exemple de ses predecesseurs. Et particulierement aux sieges de Dinan, Huis, Limbourg, Condé, Bouchain & Aire.

4. Alexandre.

5. Marie.

6. Isabeau.

LA BAUME

DE SUZE.

D'Or à trois Chévrons de Sable au chef d'Azur, chargé d'un Lyon
naissant d'Argent, armé & lampassé de Gueules, couronné d'Or.

ALLIANCES.

ALLEMAN.
ALOYS.
ANCESUNE.
AVALON.
BEAUMANOIR.
des BAUX.
BERENGER.
BOURBON.
CASTILLON.
CERNAY.
CHASTEAUNEUF.
CHISSE'.
CLERMONT-d'AMBOISE
CLEVES.
COSSONAY.
la CROIX- de CHEVRIE-
        RES.
ESCALIN.
FAY.
FOGASSE.
GASTE.
GENEVE.
GEOFFROY.
GRAMONT.
GRANGES.
GRASSE.
GROLE'E.
GROLE'E-MEUILLON.
GRUEL.
JOANNAS.
JOYEUSE.
la JUGE'E.

LAYRE-CORNILLON.
LEMPS.
LERS-ALBERON.
LEVIS.
LEUTZON.
LHERE-GLANDAGE.
LORRAINE.
MANTOUE.
MAUGIRON.
MONTAGU.
MONTANY.
MONTDRAGON.
MONSTIERS.
MURINAIS,
NEVERS.
PALATIN.
la PLASSE.
POLIGNAC.
PONTEVEZ.
PORCELETS.
des PREZ.
REPELLIN.
ROURE.
SALUCES.
SASSENAGE.
SAVOYE.
SENETERRE.
SFORCE.
THOLON.
VARCES.
URRE.

ARBRE GENEALOGIQVE.
PREMIERE BRANCHE,
QUI EST CELLE
DU COMTE DE SUZE.

Hugues I, 1111.
Aagardis de Sassenage,

Pierre I. 1120.	Hugues.	Arnauld,

Pierre II. 1134.
Marguerite de Repellin.

Guillaume I.	Hugues II. 1181.	Aymard.	Aujarde.
	Ieanne d'Avalon.		Lantelme de Varces.

Lantelme.	Guillaume II. 1200.	Berlion.

Guillaume III. 1227.
Yeronique de Berenger.

Louys I. 1250.	Aymar.

Guillaume IV. 1266.

Guillaume V. 1311.

Pierre III.	Guelix 1339.	Humbert,	Françoise.
	Caterine de		Thomas de
	Cossonay.		Murinais.

Aymon I. 1364.	Arnour,	Dauphine.	Françoise,
	Ecclesiast.	Lantelme	Religieuse.
		Leutzon.	

Aymon II. 1375.	Louys I.

Iean. Louys II. 1421.	Aymon III.	Pierre,	Aymon	Falconne.
Antoinette de				Leutzon de
Saluces.				Lemps,

Bertrand 1451. Françoise du Fay.	Louyse. Estienne de Montdragon.		Jeanne. Antoine Geoffroy.		
Pierre IV. 1501. Françoise Aloys.	Charles, Evêque.	Iean. Ecclef.	Louys, Ifabeau. Ieanne. Gabriel de Gruel.	Philipine, Iacques de Montagu.	
			de la Plaffe.		
Guillaume VI. 1524. Caterine de Lers.	Roftaing, Evêque.	Iean. Ieanne de Ioannas.	Claire. Charles Gramont.	Philipinne, ... de Grafle.	Caterine, Religieufe
François 1572. Françoife de Levis.	Marguerite. Aymar d'Ancefune. Annet de Miugiron.	Antoinette. Louys d'Vrre.	Françoife. Antoine de Fay.		
Ferdinand-Roftaing.	Roftaing 1583. Madelaine Des Prez. Caterine de Grolée-meüillon.	Antoine, a fait branche.	Louyse. Antoine de Saflenage.	Marguerite. Pompée de Pontevez.	Françoife. .... de Caftillon.
		George, a fait branche.	Caterine. Claude Allemin.	Charlote. ...... du Roure.	
Iacques-Honorat. Françoife Aproune.	Marguerite. Henry de Beaumanoir.	Annet 1631. Caterine de la Croix de Chevrieres.	Louys-François. Evêque.	François, Chevalier de Saint Iean.	
Bernard.				Charles.	
Marguerite, Religieufe.	Louys-François, Paule-Ypolite de Morftiers.	Ioachim-Gafpard. Annet-Triftan, Evêque.		Françoife. Iuft-François de Fay.	
				Marie. Ioachim de Montagu.	
				Madelaine, Religieufe	
				Charlote. ...... de la Garde.	
				Anne-Henriette.	
				Ieanne. Iean-Pierre de Fogafles.	

DEUXIEME BRANCHE,

QUI EST CELLE

DV BARON DE BAVMES.

Antome 1618.
Marie de Lhere.

Charles,	George,	Marguerite,	Caterine,	Françoise,	
Ecclef.	mort jeune.		Iacques	Louys Escalin	
			de Montany,	Ademar.	
			François de		
			Chasteau-neuf.		

TROISIEME BRANCHE,

QUI EST CELLE

DV BARON D'APTS.

George 1595.
Ieanne de Maugiron.

Timoleon,	Anner,	
Caterine de Polignac.		f.mme de Charles de Bourbon.

HISTOIRE
ET
PREUVES.

SI l'ancieneté d'une famille la rend considerable, si les grands biens luy donnent de l'éclat, si les emplois, les charges & les dignitez les plus relevées la mettent dans les premiers rangs, si la faveur des Roys luy procure de l'authorité, & si les vertus heroïques & l'excelent merite la font paroistre avec de grands avantages; il faut avoüer que la Maison de la Baume de Suze, où l'ancieneté, les biens, les honneurs, les plus hautes Alliances, & toutes les vertus se sont rencontrés, est une des plus Illustres de nostre France.

HUGUES *de la* BAUME
I. Degré.   *Chevalier, premier du Nom.*

Est le premier qui me soit connu. Aagardis fille d'Hector Seigneur Souverain de Sassenage, & de Cava sa femme, ayant esté son Espouse, nous doit faire juger que déja sa famille estoit considerable, puisque cette alliance l'estoit, & que ce Seigneur de Sassenage vivoit independemment & comtoit parmy ses Ancestres des testes Couronnées. Un Cartulaire de l'Evêché de Grenoble a une Chartre qui est en ces termes. *Ego Hugo de Balma & uxor mea Aagardis & infantes mei Petrus, Hugo, Arnaldus donamus sive ven-* Sassenage

dimus omnes decimas quas Habemus in Parrochia de noyarey Epif-
copo Gratianopol. Hugoni &c. Laudat hanc donationem Guillel-
mus de Caffanatico in cujus poteftate major pars prædictarum de-
cimarum confiftit, laudat hoc Atmarus de Caffanatico & infan-
tes fui XI. Kal. Maÿ ann. 1111. Noyaray eft une Parroiffe de
la Baronnie de Saffenage, dont cette famille de la Baume
eft originaire. Voilà la preuve de l'exiftence de Hugues,
de fon Alliance avec Aagardis, qui dans plufieurs titres de
la Maifon de Saffenage eft nommée fille d'Hector, & de
fes enfans qui furent,

1. Pierre qui a continué.
2. Hugues.
3. Arnauld.

Le même Chartulaire a une autre Chartre qui commence. *Feudum Ierentonis de Balma,* apparemment que ce
Jerenton eftoit frere de Hugues.

PIERRE *de* la BAUME
Chevalier, premier du Nom.

II. Degré.

Dans le même Chartulaire, il y a une donnation faite
d'une dixme au lieu de S. Victor de Melan par Ifmidon
Lombard à l'Evêque Hugues & à fon Eglife le 22. des Ides
d'Avril 1108. & le 28. du Pontificat de cét Evêque, où il
eft dit que ce Pierre de la Baume l'avoit approuvée, parce
qu'il y avoit quelque droit de cenfe qu'il tenoit de Chabert de Moretel. Il eut pour fils.

PIERRE *de* la BAUME
Demoifeau II. du Nom

III. Degré.

Comme il y avoit eu un grand demeflé entre les hommes de l'Eglife de Romans, & Guigues Dauphin Comte
d'Albon, la paix fut faite entre l'Abbé de cette Eglife, qui
avoit armé pour fes vaffaux, & ce Prince qui eftoit preft
d'aller

d'aller à Saint Jacques en Galice avec Amedée Comte de
Geneve, comme parle l'acte qui en fut dreſſé l'an 1134.
par l'entremiſe de ce même Comte de Geneve, de Guigues de Roſſillon, d'Aymar de Bocſozel, de Joffrey de
Moirane, de Pierre de la Baume, qui compoſe ce degré;
de Pierre Theodobert du Savel, de Roſtaing de Montbret,
de Pierre Joffrey, d'Aymar de Monts & de quelques autres Gentilshommes qualifiez Chevaliers ou Demoiſeaux.
Ce fuſt devant l'Autel de l'Egliſe de S. Bernard que toutes
choſes furent pacifiées,& Guigues Dauphin & Guillaume
Abbé ſe baiſerent.

Pierre de la Baume, n'y eſt veritablement pas nommé
habitant de la Baronnie de Saſſenage, mais il y a appaten-
ce que c'eſt le même que celuy, qui ſe trouva preſent dans
une donnation faite à l'Abbaye de Laval-Breſſieu par Aymon Peiſſel le 15. des nones d'Avril 1164. de quelques
fonds qu'il avoit aupres du bois de Chamberan: où parmy
les témoins, il y a Guillaume de Saſſenage & ce Pierre de
la Baume nommez *Sodales.* Le titre eſt parmy ceux de
cette Abbaye. L'alliance de Pierre fuſt avec Marguerite *Repellin*
de Repellin d'une famille même de Saſſenage. Ie le juſti-
fieray par un titre que j'enonceray dans le degré ſuivant.
Il en eut pour enfans ſelon le même titre,

1. Guillaume.
2. Hugues qui a continué.
3. Aymar.
4. Aujarde femme de Noble Lantelme de Varces. *Varces.*

IV. Degré   ## HUGUES de la BAUME
                               II. du Nom.

Marguerite de Repellin ſe diſant veuve de Pierre de la
Baume, & mere des enfans que je viens de nommer, reconnut en faveur de Guigues II. Baron de Saſſenage quelques rentes qu'elle avoit dans la Parroiſſe de Meaudres en

Y

la même Baronnie par un acte du penult. des Ides de May 1181. Guillaume de Rancurel fust le Notaire qui le reçut; & je l'ay veu parmy les papiers de la Maison de Saffenage. *Recognovit nomine filiorum suorum Guillermi, Hugonis, Aymari, & Aujarde feudum quod habet in Parochia Meandri dictum de Follis quondam recognitum à Petro de Balma cujus est relicta.*

Avalon. Hugues fon fils fust marié avec Jeannete d'Avalon, fille de Jean d'Avalon. Elle fonda un Anniversaire dans le Monastere de Domene, fon mary estant encore vivant, tant Granges. pour fon pere que pour Helix de Granges fa mere; qui fe trouve dans un vieux Breviaire de ce Monastere, où l'on lit, *Anniverfarium die octava menfis July per Dominam Joannetam de Avalone pro anima patris Ioannis de Avalone & matris Elifia de Grangiis, approbavit Hugo de Balma, & laudaverunt filij eorum Nantelmus Guillelmus & Berlio de Balma.*

Il y a apparence que Saint Hugues Evêque de Lincolne en Angleterre estoit frere de Jeanne d'Avalon; car environ ce temps-cy, c'est-à-dire l'an 1200. Il visita Guillaume & Pierre d'Avalon ses freres dans le Chastean d'Avalon qui est situé à trois lieües de Grenoble dans la vallée de Graisivodan.

Par l'Anniversaire dont je viens de parler il conste que de cette alliance provinrent pour enfans à Hugues.

1. Lantelme.
2. Guillaume aura fon chapitre.
3. Berlion.

GUILLAUME *de la* BAUME
premier du Nom.

V. Degré

Vivoit environ l'an 1200. je n'ay pas d'autres preuves de son existence que l'Anniversaire de fa mere. Il fut pere de

GUILLAUME *de la* BAUME
II. du Nom.

VI. Degré

Un autre Chartulaire de l'Evéché de Grenoble parle
que Soffrey Evéque, & Aimeric de Briançon, transigerent le 2. des Nones de Mars 1227. par l'authorité de Jean
Dauphin, sur l'opposition d'Aimeric faite contre l'Evéque
qui faisoit bastir un Chasteau ou Maison forte au lieu de
la Plaine, entre la Ville de Grenoble & le Village de Gie-
re, & qu'il y eut pour témoins Rodolphe Dugaz, Disdier
de Sassenage, Humbert de Saint Pierre, Albert de Bocsozel, Aynard de Bardonneche, nostre Guillaume de la
Baume & plusieurs autres. Ce Guillaume estoit consideré
dans la Cour du Dauphin André, & ce Prince voulut bien
le donner pour caution sur l'execution d'un traité qu'il
avoit fait cette méme année 1227 avec Alix de Veigy sa
Belle-sœur Duchesse de Bourgogne, les autres pleges ou
cautions furent Artaud de Rossillon, Aymard de Sassenage,
Obert Marechal du Dauphin, Guy Alleman, & Guy de
Bocsozel; tous Seigneurs de la faveur de ce Prince, & des
plus anciennes familles de Dauphiné.

La femme de Guillaume eut nom Veronique de Beren- *Berenger*
ger, fille de Pierre de Berenger Seigneur de Prebois. Il en eut

  1 Loüis mentionné cy-aprés.

  2 Aymard qui fust heritier d'Aujarde de Sassenage,
fille de Guigues III. Seigneur de Sassenage, & de Beatrix
de Berenger; par son testament de l'an 1261. où elle le
qualifie son parent. Il l'estoit en effet à cause de l'alliance
des Berengers de part & d'autre.

LOUYS *de* la BAUME
premier du Nom.

VII. Degré

Il vivoit l'an 1250. & suivit le Roy Saint Loüis dans la

guerre qu'il fit contre les Infidelles.

GUILLAUME de la BAUME
III. du Nom, Chevalier.

VIII. Degré.

Parmy ceux qui se reconnurent feudataires de Guigues
Dauphin XII. du nom, Comte de Graisivodan, aux années 1260. 1262. & 1266. Ce Guillaume se trouve nommé comme heritier de Louis son pere. Beatrix Dauphine
se servit de luy en plusieurs occasions, & sur tout pour divers demeslez qu'elle eut avec l'Archevêque de Vienne,
& le Comte de Valentinois. Il fut du nombre de ceux qui
suivirent Guillaume de Rossillon qui mena du secours en
Orient l'an 1265. son alliance ne m'est pas connuë. Il eut
pour fils.

GUILLAUME de la BAUME
Demoiseau IV. Nom.

IX. Degré.

J'ay veu un hommage rendu le 8. de Novembre 1311
à l'Evêque de Grenoble par Noble Jacques Cono fils d'Albert, où ce Guillaume fut témoin, & dans l'acte il est qualifié Demoiseau; titre qui se donnoit particulierement aux
fils de Chevaliers. Il suivit le Dauphin à Paris l'an 1292.
comme estant l'un de ses favoris, & en cette qualité il fut
envoyé aux Roys de France & d'Angleterre, pour les re-
mercier de sa part de ce qu'ils avoient demandé son amitié.
Chacun sçait qu'elle estoit alors la hayne de ces deux Mo-
narques l'un contre l'autre. Le Dauphin se rendit pourtant vassal du premier. Il fut pere de

1. Pierre qui avoit une Maison forte au mandement de
Sassenage, dont il fit hommage au Dauphin Humbert
second le 7. de Janvier 1334. Ce Dauphin l'avoit en beaucoup d'estime, & l'employa pour estre l'un des mediateurs
de son accord avec Hugues de Chalon, Seigneur d'Arlay,
contre lequel il avoit pris les armes. Cette paix se fit en-

viron le même temps, & les autres mediateurs furent Ro-
dolphe Seigneur de Neufchastel , Ricard Seigneur de
Chastillon, Girard Seigneur de Pontuerre, & Humbert de
Vaux.

2. Guelix aura son chapitre.

3. Humbert Chevalier de l'Ordre de Saint Jean de
Hyerusalem Commandeur de la Commanderie de Saint
Paul dans le Viennois & Chanoine de Saint Paul de Lyon.
Le 23 de Mars 1330. Isabelle de France femme de Guigues Dauphin XIII. du nom, luy passa certaine procuration, où elle le nomme Conseiller de son mary. Il presta
hommage au même Dauphin le 25. de Juin 1332. où il
se qualifie fils de Guillaume & Chanoine de Saint Paul de
Lyon. Samuel Guichenon le fait mal à propos fils de Jean
de la Baume Seigneur de la Baume Sus-Cerdon , puisque
par cét hommage il conste qu'il estoit fils d'un Guillaume
& non pas d'un Jean. L'acte de l'hommage est dans la
Chambre des Comptes de Dauphiné , au Registre de
Humbert Pilati des années 1331. 1332. & 1333. que je
cite volontiers afin que l'on ne me reproche point d'avoir
contrarié sans titre Guichenon en son Histoire de Bresse
& de Bugey,& en la Genealogie de la Baume. Lorsque le
Dauphin créa un Conseil au lieu de Saint Marcellin le 22
de Fevrier 1332. parmy les sept Officiers dont il le com-
posa,ce Humbert en fust un.

4 Françoise fust femme de Noble Thomas de Murinais. *Muri-*
nais

GUELIX *de* la BAUME
Chevalier.

X. Degré.

Un Registre de la même Chambre des Comptes de
l'an 1339. parlant des Nobles qui habitoient dans le Graisivodan, met celuy-cy dans la Baronnie de Sassenage, &
dit qu'il y avoit *unum Fortalitium*, c'est-à-dire une Maison
forte. Il fust present en un accord que fit Jean Evêque de

Grenoble, avec Guigues de Ruins Sacriſtain de l'Egliſe
Cathedrale de Noſtre-Dame de la même Ville le 2. de
Juillet 1340. Il fut nommé pour Arbitre d'un different
qui eſtoit entre Odobert Seigneur de Chaſteau-neuf, au
nom de Henry le Villars Archevêque de Lyon Gouver-
neur de Dauphiné, & Aynard de la Tour Seigneur de
Vinay, par acte de compromis du dernier d'Avril 1342.
Les autres Arbitres furent les Seigneurs de Maubec & de
Monchenu, & Aynard de Belle-combe Chevaliers. La
Coſſonay. femme de Guelix de la Baume fut Caterine de Coſſonay,
comme je feray voir au degré ſuivant. Il en eut

    1. Aymon qui a continué.

    2. Arnoux Doyen de l'Egliſe Cathedrale de Grenoble,
l'an 1343.

Leutzon   3 Dauphine mariée à Noble Lantelme Leutzon, en
preſence du Dauphin Humbert II. qui conſtitua une partie de la dot, ainſi qu'il ſe juſtifie par la quittance qui luy
en fut paſſée le 1. de Mars 1340. Cette famille de Leutzon n'eſt plus & tenoit un rang honorable dans cette Province.

    4. Françoiſe Religieuſe à Premol de l'Ordre des Char-
treux.

AYMON de la BAUME
Chevalier premier du Nom.

XI. Degré

Dans un hommage que rendit au Dauphin Charles de
France, Eſtienne d'Arvilars Chevalier le 28. de Janvier
1352. pour des biens qu'il avoit acquis de Caterine de
Coſſonay veuve de Guelix de la Baume & mere & tutrice
d'Aymonet de la Baume, ſe trouvent les preuves du degré
precedent & de celuy-cy. Cét Aymon fuſt preſent dans
un compromis fait le 29. de Janvier 1363. entre Françoiſe Bertrand & Jean Bertrand Chevalier; & dans un hommage rendu le 16. de Mars 1364. au Dauphin par Iacques de Bocſozel; où la qualité de Chevalier luy eſt don-

née. Elle estoit alors une marque de la valeur ou du merite
de celuy qui la portoit, & Aymon l'avoit acquise par plusieurs exploits signalez qu'il avoit faits contre les Anglois,
& particulierement aux sieges de Limoges, de Cahors,
Sarlat, Bergerat, & la Rochelle, commandant en celuy-
cy une Compagnie à cheval. Ie n'ay pû apprendre son
alliance. Il eut pour enfans.

1. Aymon qui suit.

2. Loüis fut pere d'Amon de la Baume, & de Falconne
femme de Noble Leutzon de Lemps. Ces deux enfans *Lemps.*
vendirent quelques fonds à Noble Iean le Gendre Conseiller Delphinal, desquels Noble Iean le Gendre son neveu presta hommage au Dauphin le 11. de Iuillet 1427.
où il est fait mention de ceux qui les avoient vendus à son
oncle. Cét Aymon demeuroit à Lalbenc dit l'acte, c'est
un Bourg auprés de Saint Marcellin dont la terminaison
n'est gueres differente d'Arbenc, c'est la raison pour laquelle le Pere Colomby de la Compagnie de IESUS, *in sua*
Blanca Landana aux Evêque de Viviers les a confondus
l'un avec l'autre.

AYMON *de* la BAUME
Chevalier II. du Nom.

XII. Degré

Le 19. d'Aoust 1367. il passa quittance à Odobert Seigneur de Murinais de la restitution de la dot de Françoise
de la Baume sa tante qui avoit esté mariée à Noble Thomas de Murinais. Ie n'ay pas sceu son alliance. Il fut pere de

1. Iean.

2. Loüis qui suit.

3. Aymon qui fust l'un de trois cent Gentilshommes de
Dauphiné qui moururent à la bataille de Verneüil 1424.

4 Pierre qui fust Gouverneur pour le Dauphin de la
contrée de Trieves, & Conseiller au Conseil Delphinal.

XIII. Degré

LOUYS *de* la BAUME
II. du Nom , Seigneur de
Suze-la Rouſſe , d'Eyrieu , de
Rochegude & de la Baumeſe.

Pour juſtifier que celuy-cy , & Iean ſon frere eſtoient
fils d'Aymon ; il y a une reconnoiſſance du 11. de Ianvier 1421. par eux paſſée en faveur de Henry de Saſſenage , Chevalier Baron de Saſſenage ; où ils ſe nomment
fils de Noble Aymon de la Baume alors decedé.

Ce Loüis a eſté le premier qui a ſorty ſa famille de Saſſenage , qui l'a preparée à recevoir ce grand éclat avec
lequel elle a dépuis parüe. La fortune commença de luy
tendre les bras, & non contente de l'avoir fait naiſtre d'u-
ne ancienne famille ; elle voulut encore luy eſtre favora-
ble par les biens & les alliances , & s'eſt dépuis renduë
inſeparable de ſes ſucceſſeurs. Il eſt vray que le merite a
eſté de la partie , & toutes les vertus s'eſtant renduës hereditaires en tous ceux qui ont parus aprés luy , & qui ſont
nais de ſon ſang ; elles y ont pris de ſi profondes racines
que dépuis plus de deux ſiecles on a raiſon de dire que
tous ceux de cette famille ne ſont pas moins vertueux qu'-
ils ſont illuſtres par leur naiſſance & par leurs dignitez.
On le connoiſtra mieux par la ſuite de cette Genealogie.
Loüis accompagna le Baron de Saſſenage lors qu'il commenda l'Arriereban de Dauphiné en qualité de Gouverneur de cette Province. Ce Chef y fut tué l'an 1424. à
la bataille de Verneüil & trois cent Gentilshommes de
Dauphiné y perdirent la vie. Saſſenage en mourant fit
Loüis de la Baume dépoſitaire de ſes dernieres volontez.
Il les rapporta à Antoinette de Saluces ſa femme qu'il vi-
ſita ſouvent , & eut le ſecret de s'en faire aimer ; comme
c'eſtoit un homme de bonne mine , de grande naiſſance &
de beaucoup d'eſprit , il fit d'abord tout l'empreſſement de
　　　　　　　　　　　　　　　　　la Baronne

la Baronne, qui pour satisfaire son amour & sa vertu l'espousa l'an 1416. & par cette alliance elle donna à ce nouveau mary celle de plusieurs testes couronnées de l'Europe.

Elle estoit fille de Hugues de Saluces Seigneur de Piasco & Baron de Montjay, & de Marguerite des Baux. Cet Hugues estoit quatriéme fils de Frederic II. Marquis de Saluces, & de Beatrix de Geneve. Son ayeule estoit Richarde fille de Galeas Vicomte de Milan, sa bisayeule, Marguerite de Viennois fille du Dauphin; & sa trisayeule, Beatrix fille du Roy de Naples. Par de si Illustres maisons il n'en est point sur tous les Trones de l'Europe ausqu'elles elle ne fût alliée; car Marguerite de Viennois estoit descenduë des Ducs de Bourgogne, de Guienne & de Champagne. Les Ducs de Bourgogne l'estoient de Robert Roy de France, & avoient donné des filles aux Roys de Castille, de Leon, & de Sicille. Par l'alliance de Castille la maison de la Baume se trouve alliée aux Roys de Navarre, de Portugal & d'Angleterre; à plusieurs illustres Races d'Italie, comme Sforce, Este, Urbin, Colomne, Borgia, Palealogue, Tarente, Medicis & Ferrare. Et d'Espagne comme Gusman, Pacheco, Portocarrera, Mendoce, Marsano, Royas, Ribera, Beaumont, Velasque, Cardonne, Luna, Primentel, Osorio, Ponce-de-Leon, Manrique, Vasquez, Zuniga & Auila. Antoinette de Saluces avoit pour frere Bertrand de Saluces Seigneur d'Anton, de Suze-la-Rousse, d'Eyrieu & de Rochegude, qui mourut sans posterité aprés avoir fait son testament le 29 d'Aoust 1421. par lequel il legua à sa sœur le chasteau d'Eyrieu, & fit heritier Loüis Marquis de Saluces. Loüis de la Baume eut de cette femme.

1. Bertrand dont je parleray.

2. Loüyse, Epouse d'Estienne Seigneur de Montdragon & de Saint-Romain, Chevalier.

3. Jeanne femme d'Antoine Geoffroy Seigneur de

Z

XIV. Degré.

BERTRAND de la BAUME
Chevalier Seigneur de Rochegu-de, de Suze-la-Rousse, d'Eyrieu, de Plaisian & de Ville-Franche.

La terre d'Eyrieu luy appartint par le testament de Bertrand son oncle, & les autres qui avoient appartenu à la Maison de sa mere vinrent à la sienne par ses soins. C'estoit un homme de grand jugement & d'une excellente conduite. Il fit quelque temps la guerre & se signala souvent contre les Anglois & les Flamants, où il commenda une Compagnie de Lanciers. J'ay trouvé parmy les Registres de la Chambre des Comptes de cette Province, qu'il presta hommage de la terre d'Eyrieu au Dauphin Louys le 17. de Fevrier 1451. son alliance par mariage fut avec Françoise de Fay, fille d'Anthoine de Fay, Seigneur de Saint Jean d'Ambournay, & d'Anne de Grolée. Il testa le 8. de Juin 1484. & nomme pour ses enfans,

1. Pierre qui suit.

2. Charles Evêque d'Orange, oublié par les freres de Sainte Marthe dans leur *Gallia purpurata*, qu'ils ont pourtant mis dans la Genealogie de cette maison, qu'ils donnent depuis Loüis jusques à Jacques-Honorat, à cause de la Saluces, dans leur Histoire de la Maison de France, tome 2. livre 25. page 634.

3. Jean Seigneur de Plaisian & de Ville-Franche, Prieur de Rochegude l'an 1511.

4. Louys Abbé de Mazan, Prevost de l'Eglise Cathedrale de Veyson Protonotaire du Saint Siege, employé par le Pape en diverses occasions.

5. Isabeau.

6. Jeanne femme de Gabriel de Gruel Seigneur de Villebois & de Laborel, & en secondes nopces du sieur de la Plasse.

7. Philipinne alliée à Jacques de Montagu Seigneur de *Montagu*
Vic, de Fontaines, & de Cannes en Languedoc, Confeigneur de Montdragon, de Rochegude, de la Garde-Pa-
riol & de la Motte, lequel testa le 14. de Fevrier 1539. en
faveur de sa femme.

PIERRE *de la* BAUME,
III. Nom, Seigneur de Suze-
la-Rousse, d'Eyrieu, de Plai-
sian, & de Vassieu.

XV. Degré

Françoise Alouys, fille de Louïs Alouys, Seigneur de *Alouys.*
Vassieu, fut sa femme. Il en eut,

1. Guillaume dont je feray mention au degré suivant.

2. Rostaing Abbé de Mazan, puis Evêque d'Orange le
18. de Juin 1543. Il mourut le 24. de Juillet de l'année
1555.

3. Iean Seigneur de Plaisian & de Ville-Franche, marié avec Jeanne de Joannas, Dame de Montfaucon & de *Joannas.*
Vesenobres, qui luy procrea Françoise de la Baume, Epouse d'Antoine de Fay Baron de Peyraut. *Fay.*

4. Claire mariée à Charles de Gramont, Seigneur de *Gramont*
Vacheres.

5. Philipinne contracta mariage avec .... de Grasse *Grasse.*
Seigneur de Cabris en Provence.

6. Caterine, fut premierement Religieuse à Montfleury, aupres de Grenoble de l'Ordre de Saint Dominique,
puis Abbesse de Nostre-Dame des Plans, aupres de Montdragon en Provence.

GUILLAUME *de la* BAUME,
VI. du Nom : Seigneur de Suze-la-
Rousse, d'Eyrieu, de Plaisian, de Vas-
sieu, & de Ville-Franche, Consei-
gneur de Rochegude, de Montdra-
gon & de la Roche-Pariol.

XVI. Degré.

Z ij

Contracta mariage le 19. de Septembre 1514. avec Caterine de Lers d'Alberon, fille de Jacques de Lers d'Alberon, Chevalier Seigneur de Lers, de Montfrin, & de Rochefort, & de Marguerite de Clermont d'Amboise, sœur de Louys de Clermont Cardinal d'Amboise Legat d'Avignon. Pierre de la Baume intervint au contract, & donna tous ses biens à Guillaume son fils. Celuy-cy ne se maria qu'apres avoir fait plusieurs campagnes, & parut avec honneur dans les guerres d'Italie. Il testa le 23 de Juillet 1550 & dans son testament la qualité de Puissant Seigneur luy est donnée. Il laissa pour enfans,

(marge gauche: Lers d'Albert)
(marge gauche: Clermōt d'Ambol se.)

1. François qui suit.

2. Marguerite eut deux marys, le premier fut Aymar d'Ancesune Seigneur de Vinay, & de Bisonnes; l'autre fut Annet de Maugiron Seigneur de Leissios.

(marge gauche: Ancesu ne. Maugirō l're.)

3. Antoinette femme de Louys d'Urre Seigneur du Puy Saint Martin.

(en regard, à droite :) XVII. Degré

FRANCOIS de la BAUME,
Comte de Suze, Baron de Lers, Seigneur de Plaisian, de Ville-Franche, de Rochefort, de Montfrin, de Montredon, & de Rochegude, Chevalier des Ordres du Roy, Conseiller en son Conseil Privé, Capitaine de 50. hommes d'armes de ses Ordonnances, Admiral des Mers du Levant, Gouverneur pour le Roy de la Provence, & pour le Pape d'Avignon, & du Comtat Veneissin.

Le titre de ce degré fait l'eloge de ce Heros, mais plusieurs Historiens le font encore mieux. Il n'en est point de François qui ayent décrit les guerres civiles de la Religion qui n'ayent parlé de luy avec avantage. Davila qui est

estranger en fait mention, avec des termes d'honneur &
de gloire. Je pourrois Icy rapporter mille exploits signalez
qu'il a faits, mille combats où il s'est trouvé, mille défaites
des Protestants qui n'estoient deuës qu'à son bras , plusieurs marques de valleur, diverses occasions de triomphe,
& un nombre infini d'emplois considerables qu'il a eus,
si je n'en avois fait mention dans les vies des Hommes Illustres de cette Province dont celuy-cy en est un. Je me
contenteray de dire qu'il commanda souvent les armées
du Roy; qu'il abbatit l'orgueil des Protestans aux batailles
de Cederon aux montagnes de Dauphiné , & de Saint
Gilles en Languedoc; que le Baron des Adrets avec sa fortune , & le brave Montbrun avec son adresse, furent souvent obligez de luy ceder. Qu'il fut fait Chevalier de l'Ordre du Saint Esprit par Henry III. l'an 1572. qu'il eut le
brevet de Gouverneur de Provence, & de grand Admiral
des Mers du Levant le 3. de Juin 1578. qu'il épousa Fran- *Levis.*
çoise de Levy , fille de Gilbert de Levy , Chevalier Comte de Ventadour , Seigneur & Baron de la Voûte, & de *Layre-*
Vauvert, & de Susanne de Layre-Cornillon, par contract *Cornillö*
de mariage du 14. de Juin 1551. qu'il testa le 20. de May
1580 & qu'il mourut l'an 1587. des blessures qu'il avoit
receuës en défendant la Ville de Monteillimart. Il fit eri-
ger sa terre de Suze en Comté , par lettres patantes du
mois de Decembre 1572. Il eut une grande posterité

   1. Ferdinand-Rostaing , mourut au siege d'Yssoire l'an
1577. pendant la vie de son pere.

   2. Rostaing aura son chapitre.

   3. Antoine a fait branche.

   4. George a aussi fait branche.

   5. Loüise eut pour mary Antoine Baron de Sassenage. *Sassena-*

   6. Caterine femme de Claude Alleman Baron d'Uriage *ge.* *Alleman*

   7. Marguerite, Epouse de Pompée de Pontevez, Sei- *Ponte-*
'gneur de Buous. *vez.*

   8 Charlote, mariée à .... du Roure, Seigneur de S. Brest *Roure.*

Caſtillon   9. Françoiſe contracta mariage avec.........de Caſtillon, Seigneur de Vauclofe & de Villeneuve en Provence.

ROSTAING *de la* BAUME,
Comte de Suze & de Rochefort,
XVIII. Degré   *Seigneur de Montfrin &c. Maréchal de Camp aux armées du Roy,*
Baillif des Montagnes de Dauphiné

Commença jeune à porter les armes, & fon pere le fit combattre avec luy en pluſieurs occaſions; il fut fait priſonnier à Monteillimart lors que fon pere fut bleſſé mortellement; & il luy couſta dix mille eſcus de rançon: Il continua de ſervir en faveur desCatholiques,mais Henry III. eſtant mort & le Grand Henry monté fur le Trône, il s'atacha à ſes intereſts & ſuivit Leſdiguieres en toutes les rencontres où le zelle pour le ſervice du Roy le pouvoit attirer. Il ſe trouva aux ſieges de Gap & de Tallart, & de pluſieurs places dans le Viennois & dans le Graiſivodan. Il combattit en Provence & trouva par tout dans cette Province des marques certaines de pluſieurs exploits ſignalez que fon pere y avoit faits, ce qui ſembloit l'émouvoir à ſuivre fon exemple à quoy il eſtoit déja naturellement preparé; car il avoit un grand courage & beaucoup de valeur:ce qui luy fit donner la charge de Marechal de Camp aprés avoir eu d'autres emplois militaires commandé pluſieurs fois des troupes & eu des Regiments. Il contracta

des Prez   mariage le 23. d'Octobre 1583. avec Madelaine des Prés de Montpefat, fille de Melchiol des Prez Chevalier, Seigneur de Montpefat Marechal de France, & de Henriete
Savoye.   de Savoye. Cette alliance fut l'une des plus illuſtres de France, car ſa femme eſtoit ſœur uterine de Henry de
Nevers.   LorraineDuc deMayenne,de la Ducheſſe de Nevers &de
Sforce,   lamarechaleSforce& ſœur germaine desMarquis deMontpefat & de Villars,des Comteſſes de Carces& deTavanes.

Elle fut tante de Marie de Cleves de Mantouë Reyne de
Pologne, & d'Anne de Cleves mariée au fils du Roy de *Cleves.*
Boheme, Comte Palatin du Rhin, & en seconde nopces *Palatis.*
au Duc de Mantouë. Il s'allia par là à la Maison de Savoye,
à celles de Foix, de Luxembourg, de Montmorancy, de *Mantoui*
Joyeuse, de Lorraine, de Cleves, de Mantouë, du Palatin, de Sforce, de Lascaris, d'Urfé, de Clermont-d'Am-
boise, de Saluces, d'Anglure, de Montpesat, d'Albret, de
Bretagne, de Melun, de Sufforck, & autres des plus con-
siderables de l'Europe. Il eut une autre femme dont l'alliance fut encore glorieuse. Elle se nommoit Caterine de
Grolée-Meuillon, fille d'Aymard-François de Grolée- *Grolée-*
Meuillon, Marquis de Bressieu, & de Marguerite de *Meuillon*
Gaste. Elle estoit niece à la maniere de Bretagne du Vi- *Gaste.*
comte de Joyeuse Admiral des Mers Duc & Pair de *Joyeuse.*
France, & de François de Lorraine Cardinal de Guise.
Le Comte de la Baume, le Marquis de Bressieu & l'Evêque de Tarbe freres, sont par là parents du 4. au 5. degré,
à Mademoiselle de Montpensier, à Mademoiselle de Guise, & au Prince d'Harcourt. C'est ce qui se collige de la
descendance qui suit.

Guillaume Vicomte de Ioyeuse,	Henry Vicomte de Ioyeuse.	Henriete. Caterine de Ioyeuse, femme d'Hery de Bourbon Duc de Montpensier, puis de Charles de Lorraine Duc de Guise.	Marie de Bourbon Duchesse de Montpensier, femme de Gaston-Iean-Baptiste de France, Duc d'Orleans.	Anne-Marie Louise d'Orleans, Duchesse de Montpensier.
			Marie de Lorraine, dite Mademoiselle de Guise, heritiere de la maison de Guise.	
Françoise de Ioyeuse, femme d'Antoine de Gaste de Lupé,	Marguerite de Gaste de Lupé, femme d'Aymar-François de Grolée meuillon, Marquis de Bressieu.	Caterine de Grolée meüillon, femme de Roftaing de la Baume Comte de Sufe.	Anne de la Baume Comte de Sufe.	Louis-François, Ioachim-Gaspard, Anne-Tristan de la Baume de Sufe freres, Comte de la Baume, Marquis de Bressieu, Evêque de Tarbe.
Caterine de Ioyeuse, femme d'Enemond de Brancas Baron de Villars.	George de Brancas, Duc de Villars.	Charles, Comte de Brancas.	Françoise de Brancas, femme d'Alphonse de Lorraine, Prince d'Harcourt.	

(À gauche : Iean Vicomte de Ioyeuse. Françoise de Voiuns.)

Roftaing testa le 7. de Novembre 1618. Voicy ses enfans.

Du premier lict.

1. Jaques Honorat Comte de Sufe, Marquis de Villars, heritier de Philibert-Emanuël des Prez, dit de Savoye,

voye Marquis de Villars son oncle. Eut pour femme Françoise Apronne de Porcelets de Maillane, fille du Seigneur *Porcelets*
de Maillane, & de........de Cernay du Puys de Lorrai- *Cernay.*
ne. Il fust pere de Bernard de la Baume Comte de Suze,
Marquis de Villars, qui n'a pas laissé de posterité.

2. Marguerite femme de Henry de Beaumanoir Mar- *Beauma*
quis de Lavardin, fils du Marechal de France. *noir.*

Du second lict.

3. Anne a continué.

4. Loüis-François Evêque, & Comte de Viviers, Prince de Donzere & de Chasteau-neuf du Rône, Baron d'Ar-
gentiere Seigneur de Saint Andeol, Abbé de Mazan &
d'Orbistier dans le Poitou & Prevost de Nismes, fust fait
Evêque le 14 de May 1618. & en prit possession le 6. d'A-
vril 1621. A presidé souvent aux Estats de Languedoc &
en l'assemblée du Clergé de France.

5. François Chevalier de l'Ordre de Saint Jean de Hyerusalem, fust tué au secours de Leucate d'une mousqueta-
de à la cuisse commendant le Regiment de Languedoc.

6. Charles mourut jeune.

7. Françoise Epouse de Just-François de Fay Baron de *Fay.*
Gerlande.

8. Marie femme de Joachim de Montagu, Marquis de *Môtagu*
Busols & Vicomte de Bones.

9. Madelaine Religieuse au Monastere de Sainte Colombe auprès de Vienne de l'Ordre de Saint Benoist.

10. Charlote mariée à.........Seigneur de la Garde
Marquis de Chambonas.

11. Anne-Henriete.

12. Jeanne mariée l'an 1647. avec Jean-Pierre de Fo- *Fogasses*
gasses, Marquis de la Barthalasse, Seigneur de Taillades
& de Beaulieu.

XIX. Degré

ANNE de la BAUME,
Comte de Rochefort & de Suze, Seigneur de Saint Iullien & de Lupé.

Le 8. de Mars 1631. Il a fait alliance par mariage avec Caterine de la Croix de Chevrieres, fille de Felix de la Croix 2. du nom, Comte de Saint Vallier, marquis d'Ornacieu, &c. Et de Claudine de Chiffé : Il a testé le 2. d'Aoust 1632 Il a pourtant vescu plusieurs années aprés & a predecedé sa femme laquelle est morte en 1676. Elle a remis par ses soins & par sa conduite les biens dans la famille de ses enfans qui en avoient esté alienez & dissipez par une douairiere. Voicy ses enfans.

le Croix-Chevrieres. Chiffé.

1. Louys-François qui suit.

Joachim Gaspard, dit le Chevalier de Suze, surnommé l'Affriquain, pour avoir fait trois voyages en Affrique dans les armées du Roy. Il s'est signalé en Candie, & ailleurs : Il est aujourd'huy marquis de Bressieu.

3. Anne Tristan Docteur de Sorbonne Evêque de Tarbes, Prelat d'excellent merite, qui doit à ce seul merite, à sa vertu, & à son sçavoir cette éminente dignité.

4. Marguerite Religieuse à Sainte Colombe de Vienne.

XX. Degré

LOUYS-FRANCOIS de la BAUME,
Comte de Suze & de Rochefort &c. Baillif des Montagnes de Dauphiné, Capitaine de Chevaux Legers au Regiment Mazarin.

Il a servy plusieurs campagnes : Il fut fait prisonnier au siege de Valanciennes. La paix generale le fit retirer à sa maison. Il s'est marié avec Paule-Hypolite de Monstiers, fille de François de Monstiers, Comte de Merinville, Che-

Monstiers.

valier des Ordres du Roy, Lieutenant pour ſa Majeſté au
gouvernement de Provence, Gouverneur d'Avignon &
du Comtat-Veneiſſin, Lieutenant general aux armées du
Roy, Gouverneur de Roſe : Et de Ieanne de la Iugée he- *la Iugée*
ritiere de la maiſon de Rieux en Languedoc.

LA BAVME DE BAVLMES.

II. BRANCHE.

XVII. Degré.　ANTOINE *de la* BAVME,
Seigneur & Baron de Baulmes,
Meſtre de Camp d'un Regiment en-
tretenu pour le ſervice du Roy,
Gouverneur de Chany en Picardie.

Fils puiſnay de François de la Baume Comte de Suze,
& de Françoiſe de Levy. Prit pour femme le 18. de Iuin
1618. Marie de Lhere de Guiffrey de Glandage, Dame *Lhere.*
de Glandage, fille de Hugues de Lhere de Guiffrey Sei- *Glanda-*
gneur de Glandage & de Claire de Tholon. Il en a laiſſé *ge.*
cinq enfans. *Tholon.*

　1. Charles dont je parleray.
　2. George mourut jeune.
　3. Marguerite deceda de même.
　4. Caterine eut pour mary en premieres noces Iaques
de Montany de la Tour, Baron de Vinay & de Montany, *Montany*
& en ſecondes François de Chaſteauneuf, Comte Doing, *Chaſteau-*
Baron de Rochebonne, par contract de mariage du 22. de *neuf.*
Iuillet 1639.
　5. Françoiſe a êpouſé Louys Eſcalin Ademar, Marquis *Eſcalin.*
de la Garde.

CHARLES de la BAUME,
de Suze Baron de Baulmes-de-
XVIII. Degré   *Trancy, & de Glandage, de Lue,*
& de Montlaur, Seigneur & Abbé
Commendataire de Mazan.

L'eſtat Eccleſiaſtique a eſté le choix de celuy-cy tellement que cette branche finit en luy.

LA BAVME D'APTS.
III. BRANCHE.

GEORGE de la BAUME
de Suze, Baron d'Apts, Seigneur
XVII. Degré.   *de Pleiſian & de Villeneuve,*
Capitaine de 50. hommes d'ar-
mes des Ordonnances du Roy.

Autre fils de François de la Baume, Comte de Suze,
& de Françoiſe de Levy. Epouſa le 26. de Decembre 1595
Maugirõ Ieanne de Maugiron, fille de Laurent de Maugiron, Chevalier des Ordres du Roy, Lieutenant General au gouver-
Maugirõ nement de Dauphiné, & de Ieanne de Maugiron de la
Tyveliere. Il en eut pour enfans.
1. Timoleon qui ſuit.
2. Anne, Seigneur de Meyrieu & des Maiſons Fortes,
de Beauvoir & de Moidieu.
3. .... femme de Charles de Bourbon.

TIMOLEON de la BAVME
XVIII. Degré   *de Suze, Seigneur de Pleiſian & de*
Villefranche, Comte d'Apts.

A contracté mariage le 10. d'Aouſt 1633. avec Caterine
Polignac de Polignac, fille de Chriſtophle de Polignac, Baron de
Seneterre Chalencon, & de Diane de Seneterre. Il eſt mort, & ſa
femme eſt encore vivante; ils eurent un fils decedé à Paris eſtant à l'Academie, tellement que cette troiſiéme Branche eſt auſſi éteinte.

BEAUMONT.

De Gueules à une Fasce d'Argent chargée de trois fleurs de Lys d'Azur. La Branche d'Autichamp brisé d'une Couronne Royalle d'Or en chef.

Bb

ALLIANCES.

ALBON.	GUILLERME.
ALINGES.	GUMIN.
ALLEMAN.	IONY.
AMBEL.	JOUFFREY.
ARCES.	Des ISLES.
ARTOUD.	LAUBE.
AVALON.	LAUDUN.
AYNARD.	MARO.
BEOTOZ.	MEERIE.
BELLECOMBE.	MENTHON.
BERNIERES.	MENZE.
BOOSOZEL.	MONTAGNAO.
BOMPARD.	MONTEILLIEZ.
BOULIERS.	MONTEUX.
BRESSAO.	MONFORT.
BUFFEVANT.	MOTET.
OAVALHON.	NERPOL.
OHABERT.	POURRET.
OHABRILLAN.	POURROY.
OHAILLOL.	RAVIER.
OHASTEAUNEUF.	ROCHEFORT.
OHISSE'.	ROCHEMURE.
OORDON.	ROSTAING.
OORNILLAN.	S. ANDRE'.
OOSTAING.	S. GERMAIN.
DIGOINE.	SALIGNON.
DISIMIEU.	SALUOES.
DUYN.	SASSENAGE.
FAY.	SAUVAIN.
FERRAND TESTE.	TERRAIL.
FLORENOE.	La TOUR-SASSENAGE.
La GARDE.	VAUX.
GARNIER.	VAUSERRE.
GENEVE.	VILLARS,
GENOST.	VILIETE.
GENTON.	VIRIEU.
GROLE'E.	URRE.
GUIFFREY.	YSERAN.

ARBRE GENEALOGIQVE.

PREMIERE BRANCHE,

QUI EST CELLE

DE BEAUMONT ET DE MONTFORT.

Imbert 1040.
Beatrix.

Pierre-Imbert. Guy-Imbert. 1080
Vuilla Aynard.

Pierre- Hugues. Guy 1108.

Guillaume 1140.

Soffrey 1163.

Imbert II. 1200.

Guillaume II. 1246

Aymon 1260. Guillaume. Lantelme.

Artaud 1317.
Marguerite de Rochefort.

Amblard 1336. Artaud. Aimard. Guigues. Aubert. Pierre. Ambroife.
Beatrix Alleman. a fait   Aymon
                  branche.   d'Arces.

Amblard II. 1359.
Anne de Vaux.

Aymard. Amblard III. 1403.   Alix Religieufe.

Amblard IV. 1438. Artaud II. Louys. Beatrix.   Antoinette,
Marguerite de   Ieanne de   Hugues   Religieufe.
Saffenage.   Buffevant.   d'Arces.

Amblard V. Aynod 1470. Iean Ecler. Ieanne Religieufe.

Iean 1515.
Madelaine Alleman.

Laurent 1541.
Marguerite Terrail.

Laurent II. 1594.

DEUXIEME BRANCHE,

QUI EST CELLE

DE LA FRETTE.

Artaud 1343.
Polie de Chabrillan.

Imbert 1376.   François
Pernette de Gordon.   a fait branche.

François 1413.   Louys.
Aynarde Guiffrey.

François 1439.   Artaud.

Claude 1474.

TROISIEME BRANCHE,

QUI EST CELLE

DE PELLAFOL,

OU DU NOUVEAU AUTICHAM.

François 1375.
Polie de Monteiniez.

Imbert 1421.

Imbert II. 1436.   Aynard   Guillaume.   Caterine.
Brunisfande   a fait branche   Jacques
Cornillan   Guillermin   de Bompard

Louys 1436. And.é Mak. Louyse. Françoise. Lucque. Antoinette. Polie.
Louyse de   a fait   Religieuses.   Jean
Grosíée   branche.   Alleman

Jean. Guillaume 1460. 1515.
      Antoinette Alleman.

Guillermin Claude 1516.   Claire,   Jeanne,   Louyse.
    Ragonde   Philippes Relig.   André de
     d'Vrre.   de Bellecombe   S. Ard.é.

Jean 1544. Antoine 1555.   Claude. Olivier.
    Marguerite de Monteux.

Gaspard 1572.   Madelaine,   Françoise.   Antoinette.
Antoinette de Villeste.

Louys. Charles. Antoine 1609   Jean-Claude.
             Françoise de Florence.   Louyse Alleman.

François 1644.   Charles,   Anne.   Heleine.
Louyse Olimpe   a fait   Paul Pourroy.   Jean de Laube.
de Bresfac.   branche.

Charles. François. Joseph, Ecclesiastique.   & une fille.

QUATRIEME BRANCHE,

QUI EST CELLE

DE MIRIBEL.

Charles 1650.
Louyse de Rostaing.
Françoise de Joay.

Jean-Claude. Joseph. Louyse-Olimpe

Bb iij

CINQUIEME BRANCHE,

QUI EST CELLE

DE L'ANCIEN AVTICHAMP.

André 1436.
Françoise d'Alinges.

Imbert a eu un fils naturel qui a fait branche.	Guy 1484.	Philippes, Ecclef.	Soffrée Claude de Difimieu.
Imbert 1544. Gilette d Saffenage. Benoite Chabert.		Michelete. Isabeau. Religieufes.	

Ieanne. Iean Salignon.	Charlote. Iean de Fay	Anne.

SIXIEME BRANCHE,

QUI EST CELLE

DES ADRETS.

Ayhard 1436.
Aymonete Alleman.

Iacques, Marguer, de la Tour.	Aynard 1490, Marg. Aymeric Mocet, Terrail, Guelix de Menze.	Louys, Gabrielle, Louyfe, Ieanne, Claudine, Françoise Religieufes, Pierre de Montfort

Reforciat, Guilemette de Chiffé.	George 1530. Ieanne de Guiffrey.	Antoine, a fait branche.	Claude, François, Ecclefiaftiques.

Laurent.	François 1562, Marguerite de Gumin.	Gabrielle. Claude de Guiffrey.
Gafpard.		

Claude, fans pofterité.	François, fans poftérité.	Sufanne, de Tarranas Cefar de Vaulferre.	Efter, Antoine de Saffenage.

SEPTIEME BRANCHE.

QUI EST CELLE

DE BESSET.

Antoine 1552.
Claudine Marc.

Claude 1607.	Ennemond,	Antoine. Rolland.	Anne. Marguerite.
Jeanne de	a fait	Ecclesiastiques.	Religieuses.
Rochemuré.	branche.		

Aynard 1630.	Susanne.	Charlote.
Cecile de la Garde.	Yspolidore de Genton	Nicolas Bectoz.
	Estienne d'Ambel.	

Marc.	Marie.	Renée.
	Marc de S. Germain.	

HUICTIEME BRANCHE.

QUI EST CELLE

DE SAINT QVENTIN.

Ennemond 1588.
Louyse Ravier.

Rolland 1606.	Claude.
Jeanne Ferrand-teste.	

Pierre 1623.	Guillaume, François.	Susanne.	Marie. Diane. Gabrielle.	Eleonor.
Anne de	Relig.	Baltasard		Jean François
Jouffrey.		Pourret.		de la Marie.

Guillaume.	Rolland, Louys, Antoine, Jean, Baltesard.	Claude. Dominique.
Françoise de	Felicienne, ...	Ecclesiastiques.
Bernieres.	des Isles. Pourret.	
	Madelaine	
	de Genas.	

NEUFIEME BRANCHE,

QUI EST CELLE

DU BASTARD D'AUTICHAMP.

Imbert 1484.

Louys 1538.
Elisabet Arnoux.

Iacques 1550.   Marie.
Benoite Barbeyrache.
Jeanne Valate.

Florent 1597.   Louys, Susanne, Guillaume.   Caterine.
Ieanne d'Yrre.

Hercules.   Antoinette,   Benoite.
Guilemette Faure.

Florent II. 1658.
Diane de Digoine.

HISTOIRE

ET

PREUVES.

ONSIEUR le Laboureur a dit dans les annotations aux memoires de Michel de Castelnau, en parlant de François de Beaumont, Baron des Adrets, que la maison de Beaumont en Dauphiné estoit esteinte; mais il a crû qu'il n'y avoit que la branche de ce Baron; où possible on luy a donné de faux memoires.

On verra par cette Genealogie qu'il en reste encore six branches; & il y a apparence que tant de masles qui la composent aujourd'huy, laisseront une posterité qui la rendra encore plus estenduë.

Son origine m'est inconnuë: je sçay seulement que Beaumont auprés de la Mure luy a donné son nom dans le temps que les familles s'en sont faits de successifs & d'hereditaires. Pour l'ancienneté nous n'en avons point qui la surpasse en cela, & peu qui l'égale. Pour l'honneur & la gloire, chacun sçait combien le Baron des Adrets en acquit: il est peu de nos Héros passez qui en ayent tant eu, & il n'y en auroit gueres qui pussent luy disputer cet avantage, si la cruauté n'avoit terny cet éclat. Il y en a eu d'autres de cette famille qui ont esté vaillans & sages : on le connoîtra par la suite.

I. Degré. IMBERT, *Seigneur de Beaumont.*

Beatrix fut sa femme, & il vivoit environ l'an 1040.
Voicy leurs enfans.

1. Pierre-Imbert.
2. Guigues-Imbert a continué.

II. Degré. GUY, ou GUIGUES-IMBERT, *Seigneur de Beaumont.*

Un Chartulaire de l'Evesché de Grenoble à une Chartre de l'an 1068. en ces termes. *Ego Petrus Humberti, & Frater meus Guigo Humbert Donamus Domino, Ecclesiæ &c. totam decimam quam habemus in Parochia de Roags & in Parrochia de Maires, & in Parochia sancti Erigij, pro anima Patris nostri Humberti de Bellomonte, & pro anima Matris nostræ Beatricis.* Ces Paroisses sont du mandement de la Mure.

Aynard.   Willa de la famille d'Aynard de Domene, fille de Guy Aynard fut femme de Guigues. Un Chartulaire du Prioré de Domene parle de cette Willa & de son alliance ; elle vivoit environ l'an 1060. Elle eut deux marys, comme j'ay déja dit ailleurs, Armin Martel, & celuy-cy qui fut le dernier, & duquel elle eut pour enfans.

1. Pierre.
2. Hugues.
3. Guy a continué.
4. Humbert fut tesmoin à une donation faite à l'Eglise de Domene par Odon d'Uriage l'an 1100.

III. Degré. GUY, *Seigneur de Beaumont II. du nom.*

Par le mesme Chartulaire j'apprends que cette Willa

eut ces trois fils; car on lict qu'apres que son frere Guillaume eût fait plusieurs dons au mesmo Prioré ; le tout fut
approuvé par Willa, & ces mesmes enfans. *Laudaverunt*
autem hoc donum Aynardus, &c. Et Scror Domini Vvillermi,
Vvilla & Filij ejus Vvilleimus de martello, Petrus, Hugo & Vvi-
go de Bellomonte nepotes Domini Vvillelmi. Est autem factum
anno Dominica Incarnationis 1106: indict. 14. tempore Domini
Hugonis prioris. J'ay trouvé dans un Chartulaire de Grenoble une autre Chartre de ce Guy 2. ou Guigues, en ces
termes, *Ego Guigo de Bellemonte, & uxor mea nomine Matil-*
dis & filius meus Guillelmus & alij infantes mei omnes vendi-
mus unam petiam terra Domino & Ecclesia Gratianopol. & Epis-
copo Hugoni & successoribus ejus & Ecclesia sancti Andrea de
Savogia & Heraldo Decano, &c. la date est à la suite sous
l'an 1108.

IV. Degré. GUILLAUME, Seigneur de Beaumont.

Par la Chartre que je viens d'escrire l'existence de celuy-cy est pleinement justifiée. Son pere estant vivant
l'année 1108. celuy-cy a pû le survivre au moins de trente
ans, suivant le train ordinaire, & ainsi nous pouvons dire
que ce Guillaume vivoit encore l'an 1140. Il eut pour fils,
sans que je sçache de quelle femme.

V. Degré. SOFFREY, Seigneur de Beaumont.

Homme lige d'Amé 3. Comte de Savoye, qu'il suivit
en la Terre Sainte l'an 1147. lorsqu'il y passa avec le Roy
de France Loüis le Jeune, le Marquis de Montfera &
plusieurs autres Princes & Seigneurs de l'Europe qui s'é-
toient croisez à la sollicitation de Saint Bernard, Abbé de
Clervaux. Ce Soffrey s'y signala, & le Pape Alexandre 3.
luy infeoda en recompense quelques dixmes dans le

Viennois par Bulle expresse du 5. des ides de May de
l'année 1163. sa Sainteté estant alors en France, à cause
du Schisme. Je crois que ce ne fut qu'une confirmation
d'une ancienne infeodation; car le Concile de Latran
qui s'estoit tenu quelques années auparavant avoit ex-
pressement prohibé ces sortes d'infeodation. Soffrey avoit
esté present à la fondation faite par le mesme Amé, de
l'Abbaye de Saint Sulpice l'an 1130. Il eut pour fils.

VI. Degré.　IMBERT, Seigneur de Beaumont 2. du nom.

Un Chartulaire de l'Eglise de Vienne porte que l'an
1200. celuy-cy fit une cession à l'Eglise de S. Maurice
du droit qu'il avoit sur les dixmes de S. Pierre, qui fai-
foient une partie de ceux qui avoient esté infeodez à Soffrey son pere, comme le dit la Chartre. Cet Imbert eut
pour fils.

VII. Degré.　GUILLAUME, Seigneur de Beaumont 2. du nom.

Qui passa en la Terre Sainte l'an 1246. avec l'armée du
Roy Saint Loüis, suivant le témoignage de Jean Sire de
Joinville en ses memoires chap. 73. Il y a dans la Cham-
bre des Comptes de Dauphiné un accord qu'il fit le 2. de
Decembre 1231. avec Martin Charbonneys Chevalier,
sur un different qu'un fond qui leur estoit commun avoit
fait naistre dans le lieu de Beaumont aupres de la Mure.
Ce Guillaume eut pour enfans.

1. Aymon qui suit.

2. Guillaume qui se reconnut Homme Lige du Dauphin, Comte de Graisivodan l'an 1266. Il habitoit à Beaumont, & la qualité de Chevalier luy est donnée.

3. Lantelme se reconnut de mesme Homme Lige du

Comte de Graiſivodan, la meſme année, avec d'autres
Gentilshommes de Beaumont.

VIII. Degré. AYMON de BEAUMONT,
Chevalier Seigneur de Beaumont.

L'an 1260. il ſe declara Homme lige de Gùigues XII.
Dauphin de Viennois, Comte de Graiſivodan. L'acte eſt
dans la meſme Chambre des Comptes. Il eut pour enfans.

1. Amblard Seigneur de Beaumont, qui fut l'un des
entremetteurs d'un traité de Paix fait entre le Dauphin &
le Comte de Savoye le 7. de May 1304.

2. Artaud ſuivra.

ARTAUD de BEAUMONT,
IX. Degré. *Seigneur de Beaumont, de la Frette &*
du Fayet.

Le 24. de Juin 1317. il fit hommage au Dauphin Jean
des Terres qu'il tenoit en fief de Luy. Il eut pour enfans
de Marguerite de Rochefort ; fille de Humbert de Ro-   Roche-
chefort, Seigneur de Pellafol au Dioceſe de Valence.   *fort.*

1. Amblard qui ſuit.
2. Artaud a fait branche.
3. Guigues de Beaumont, dit Guers preſta hommage au Dauphin Humbert 2. de ce qu'il avoit dans le lieu
d'Avalon le 9. de Janvier 1334. il ſe qualifie fils d'Artaud
dans l'acte. Il fit un compromis le 20. de Mars 1339. avec
Guillaume Bigot Chevalier, pour ſortir des differens qu'ils
avoient enſemble au ſujet de quelques querelles arrivées
entre leurs Valets, pour leſquels ils s'eſtoient interreſſez.
Leurs arbitres furent Agout des Baux, Seigneur de Bran-
toles, & de Plaiſian, Amblard de Briord, Baillif de Graiſi-

vodan, Raymon Berenger & Rodolphe de Comiers, Chevaliers.

4. Aymar Seigneur des Avenieres. Cette terre fut rachetée par le Dauphin Charles, moyennant quatre mille florins d'or l'an 1354.

5. Aubert fut deputé l'an 1336. par le Dauphin Humbert II. pour régler un different qu'il avoit avec le Sire de Villars.

6. Pierre habitoit à Avalon l'an 1339.

Arces. 7. Ambroise fut la femme d'Aymon d'Arces.

AMBLARD de BEAUMONT,

XI. Degré.　　*Seigneur du Touvet & de Beaumont,*
Conseiller & Chancelier du Dauphin.

Sous le regne du Dauphin Humbert II. & sous celuy de Charles de France, Prince de Dauphiné. Cet Amblard a esté en grande consideration. Sous l'un & sous l'autre, il fut employé en diverses negociations, & fut Conseiller de tous deux. Je commenceray de parler de luy par son Alliance. Il contracta mariage le 29. de May *Alle-* 1336. avec Beatrix Alleman, fille de Guillaume Alleman, *man,* Seigneur de Vaubonnois & d'Agnes de Villars. Le Dau- *Villars.* phin Humbert II. & Beatrix des Baux sa femme furent presens au contract, & ils nomment l'épousée leur cousine. Hugonin Alleman son frere luy constitua sa dot, du payement de laquelle se rendirent cautions, Girard de Rossillon Seigneur d'Anjou, Albert Seigneur de Sassenage, Guillaume Artaud Seigneur d'Aix, Odobert Seigneur de Chasteauneuf, Guigues de Morges Seigneur de Gensac, Humbert de Cholay Seigneur du Pont-Berenger, Amédée de Rossillon, Conseigneur du Bouchage, Amblard de Briord Seigneur de la Serra, Arnaud Seigneur de Rochefort, Soffrey d'Arces Chevaliers, Jean Berenger, Seigneur du Pont, & Aynard de Bellecombe Demoiseaux.

Parmy ceux qui affiftérent à ce contract, j'y trouve encore Artaud Alleman Prieur *Nemorack*, Amedée Alleman
prieur de faint Laurent de Grenoble, Odon Alleman de
l'Ordre de faint Antoine Commendeur de Veynes, oncles
paternels de Beatrix, Pierre Evefque de Geneve, & Jean
Evefque de Treves, fes oncles maternels. Venons maintenant aux employs d'Amblard de Beaumont, & aux cho-
fes qui me font connuës de luy. Il fut nommé par le Dauphin Humbert II. avec Humbert de Choley pour eftre
fes arbitres dans les differens qu'il avoit avec Aymon
Comte de Savoye, qui de fa part avoit convenu d'Amedée Comte de Geneve, & d'Antoine de Clermont Seigneur de la Baftie-d'Albanois; & ils firent un traité le 7.
de Mars 1334. fur le pont de Chaparoillan au mandement
de Bellecombe. Il y eut quelques difficultez fur l'execution de ce traité; tellement que ces mefmes Princes pour
les decider nommerent encore pour arbitres, par un acte
du 20. du mefme mois, Philippes de Savoye Prince d'A-
chaye, Beatrix Dauphine Dame d'Arlac, Guillaume Ar-
chevefque de Brandizo en Calabre, Rodolphe Abbé de
faint Michel de Chize, Antoine de Clermont Seigneur
de la Baftie d'Albanois, Philippes de Provane Chevaliers,
Humbert de Cholay Chevalier, & Amblard de Beaumont. Cet Amblard fut encore commis pour mettre entre les mains des Freres Prefcheurs de Grenoble de la part
du mefme Dauphin mille florins d'or, & fon peage de cette Ville, pour fatisfaire aux commandemens du Pape Jean
XXII. qui luy avoit changé le vœu qu'il avoit fait d'aller
vifiter le faint Sepulchre en quelqu'autre plus facile. L'acte du don de ces mille florins, & de ce peage eft dans les
archives de ces Religieux, en date du dernier de Mars de
la mefme année 1334. Le 1er. d'Avril fuivant, le Dauphin
donna à Amblard le Chafteau, le Bourg, la Ville & le Mandement de Montbrifon aux Baronnies de Dauphiné; il eft
qualifié dans les Lettres confeiller du Dauphin. Ce don

ne se fit que sous la condition que ce Prince pourroit retirer Montbrison en payant à Beaumont la somme de 300
florins d'or. Tant de traitez qui avoient esté faits entre le
Dauphin & le Comte de Savoye ne furent pas executez,
ou du moins ils donnerent lieu à quelque interpretation.
Ce qui me le persuade, c'est que le 27. du mois d'Avril de
la mesme année le Dauphin donna une procuration à
Humbert de Cholay, & à cet Amblard de Beaumont pour
traiter de paix avec l'autre. Le 5. de May suivant le Dauphin donna à Beaumont qu'il nomme son Conseiller, *tan-*
quam bene merito, & majori dono digno, dit l'acte, tout ce
qu'il avoit au Thouvet, pour augmenter son fief de Beaumont. Le 22. de Novembre de la mesme année il luy
donna encore le Chasteau, le Territoire & le Mandement
de Jaysans dans le Viennois. Il fallut planter quelques
limites entre le Dauphiné & la Savoye, auprés des montagnes de Rossillon, de Luys, de S. André de Briord & de
saint Saturnin; Humbert Dauphin nomma de sa part
Guy de Grolée, Amedée de Rossillon, Nicolas Constant,
& Amblard de Beaumont par acte du 18. d'Octobre 1336.
Il y avoit eu un traité entre le mesme Prince & Raymon
qui l'estoit d'Orange, l'an 1339. par lequel ce dernier se
rendit vassal de l'autre; l'execution dependoit du don de
quelques terres que le Dauphin devoit donner à l'autre;
& pour l'achever il y eut des commissaires en 1341. dont
Beaumont en fut un. Lorsque le Dauphiné fut transporté
au fils aisné de France le 23. d'Avril 1343. Amblard de
Beaumont fut l'un de ceux qui signerent l'acte avec
Humbert Seigneur de Toyre & de Villars, Humbert de
Choley Seigneur de Lullins, Guigues de Morges Seigneur de l'Espine chevaliers; Jacques Bruniet chance-
lier de Dauphiné, Jacques Riviere de l'Ordre de saint
Antoine, Commendeur de Marseille, & Jacquemet de
Dye, dit Lappo, tous nommez Conseillers, Procureurs &
Messagers à ce deputez par le Dauphin. Nonobstant ce

ce transport Humbert Dauphin se reserva la souveraine-
té de son estat, & pour ce sujet il continua de se faire
prester hommage par ceux qui le luy devoient : & pour le
recevoir en son nom, il donna une procuration le 7. de
Decembre 1344. à Jacques Brunier son Chancelier, à
Amblard Seigneur de Beaumont, à Amedée de Rossillon
Conseigneur du Bouchage, à François de Theys Seigneur de Thorane, & à Estienne Roux. Lors que Humbert Dauphin fut party pour la Terre sainte avec les
troupes qui s'estoient croisées en 1346. Amblard de Beaumont & Disdier Conseigneur de Sassenage furent commis ensuite d'une Bulle du Pape Clement VI. pour recevoir onze mille cent Florins d'Or, & les envoyer à ce
Prince. Le Dauphin qui se voulut marier avec la fille du
Duc de Bourbon deputa pour en faire la recherche en
1348. Berard Seigneur d'Yseron, Amblard Seigr de Beaumont & Amé de Rossillon Seigneur du Bouchage. Enfin
la veritable & réelle translation de Dauphiné s'estant
faite en 1349. Amblard de Beaumont presta hommage
au Dauphin Charles de France le 16. de Juillet de cette
année là. Il fût l'un de ceux que Humbert Dauphin com-
mit le même mois pour payer ses debtes, les autres furent
Jean de Chissé Evesque de Grenoble, & François de Parme Chancelier de Dauphiné. Le même Amblard de
Beaumont signa aussi l'acte de ce dernier transport qui fut
fait le 16. de Juillet 1349. Plusieurs Prelats, Princes &
Seigneurs le signerent aussi. Je donneray leurs noms ailleurs. Il fut nommé Conseiller du Dauphin Charles, &
en cette qualité il luy presta serment de fidelité le même
mois. Je nomme en un autre endroit tous ceux qui furent
alors retenus pour Conseillers de ce nouveau Dauphin. En
1352. Berenger de Montaut Archidiacre de Liege & François de Parme furent commis pour regler les pensions de
la mere & de la tâte du Dauphin Humbert. En 1356. il fut
nommé par le Dauphin Charles avec Falques Seigneur

D d

de Montchenu pour regler quelques échanges que ce Prince avoit fait avec le Comte de Savoye. Amblard eut pour fils.

AMBLARD de BEAUMONT II.
du Nom Chevalier Seigneur de Beaumont, du Touvet, de la Terraſſe & de Montfort.

XI. Degré.

VAUX.

Anne de Vaux fut ſa femme. Elle eſtoit fille de Dronet de Vaux Seigneur de la Terraſſe : elle luy porta en dot le chaſteau de la Terraſſe. Charles Dauphin donna en augmentation de fief à Amblard de Beaumont pere de celuy-cy l'hommage qui luy eſtoit deub par ſon fils à cauſe du chaſteau de la Terraſſe, par lettres patentes du mois d'Aouſt 1359. Il luy donna auſſi pour le même ſujet l'hommage que Dronet d'Entremont luy devoit à cauſe du chaſteau de S. Vincent de Mercuſe. Il luy fit auſſi preſent du chaſteau de Moretel, pour en joüir pendant ſa vie, & ordonne à Entremont & à Amblard 2. de preſter hommage à cét Amblard premier de la même maniere qu'à luy même. On voit par cét acte qu'Amblard premier vivoit encore l'an 1359. Je crois qu'il mourut bien-toſt après. Son fils qui fait la matiere de ce degré preſta ſerment de fidelité au Roy Dauphin le 12. d'Aouſt 1368. pluſieurs actes le nomment Aymar. Il fit hommage le 18. de Juin 1375. pour Beaumont & la Terraſſe. Il en avoit fait un le dernier de Septembre 1367. où il eſt nommé Conſeiller du Dauphin & Chevalier. Guy Pape Juriſconſulte & Conſeiller de Dauphiné fait mention de luy & de ſes enfans dans la queſt. 81. de ſes deciſions & dans l'art. 140. de ſes conſeils,

1. Aymar fût heritier de ſon pere, & mourut ſans poſterité après s'eſtre ſignalé en pluſieurs occaſions à la teſte de ſes hommes qu'il commenda long-temps en France contre les Anglois & qu'il mena en Italie en faveur des

Florentins: François Baron de Saffenage eftant Lieutenant General dans l'armée que commendoit le Duc de Touraine contre Jean Galeas Duc de Milan.

2. Amblard a continué.

3. Alix eftoit Abbeffe des Ayes l'an 1410.

AMBLARD de BEAUMONT III.
XII. Degre. du Nom Chevalier Seigneur de Beaumont & de Montfort.

Guy Pape conf. 140. dit qu'aprés la mort d'Aymar fon fiere il recueillit les biens de fa maifon. Il demeura jeune fous l'adminiftration de Robert de S. Germain commendeur d'Allemagne de l'Ordre de S. Antoine, & de Noble Jean Berlioz qui furent fes curateurs, & qui l'eftoient encore l'an 1403. car le penultiéme d'Avril de cette année, Noble Antoine Guillermier le Vieux du lieu du Thouvet en faifant hommage au Dauphin pour cét Amblard, dit que c'eft en vertu de la procuration qui luy en avoit efté paffée par fes curateurs qu'il nomme. Aymar fon frere eftoit déja mort ; car il eft qualifié Seigneur de Beaumont & de Montfort. Il prefta hommage luy même le penultiéme d'Octobre 1413. où il eft qualifié Noble & Puiffant Seigneur. Il en fit un autre le 17. de Juin 1417. & finalement un autre le 21. de Janvier 1428. il mourut à la fin du même mois ; & laiffa pour enfans.

1. Amblard qui aura fon chapitre.

2. Arraud époufa Ieanne de Buffevant au nom de laquelle il fit hommage au Dauphin Louys dans la Ville de Valence le 17. de Fevrier 1446. Elle tefta l'an 1464. Elle eftoit fille de Pierre de Buffevant & de Françoife de Nerpol. Cét Arraud eftoit confideré par ce Prince, & j'ay veu une lettre en original qu'il en avoit receuë le 26. de Ianvier fans autre datte, par laquelle le Dauphin luy donne ordre *de remettre au Sire de faint Vallier fon coufin la*

Buffe-
vant.
Nerpol.

Dd ij

place de Chantemerle qu'il luy avoit engagée pour 300. livres, en luy payant ladite somme.

3. Louys est mentionné parmy les Nobles d'Avalon en un dénombrement de l'an 1450.

4. Beatrix fût la femme de Hugues d'Arces.

5. Antoinete Religieuse au Monastere de saint Iust l'an 1440.

AMBLARD de BEAUMONT, *IV.*

XIII. Degré.   *du Nom Seigneur de Beaumont, de Montfort & du Touvet.*

Le 15. de Fevrier 1418. il presta hommage au Dauphin. Il est dit dans l'acte qu'Amblard de Beaumont son pere en avoit rendu un le 21. de Ianvier precedent, ce qui fait voir qu'il estoit mort entre deux. Marguerite de Sassenage fut la femme de celuy-cy. Elle estoit fille de Henry 3. Baron de Sassenage & d'Antoinette de Saluces: il y eut une quittance de la dot l'an 1438. Elle resta veufve estant encore assez jeune, le Dauphin Louys la vit frequemment lors qu'il estoit en Dauphiné & en eut deux filles, qu'il avolia. L'une fut mariée au Bastard de Bourbon Comte de Rossillon Admiral de France, & l'autre nommée Marie épousa Aymar de Poitiers Seigneur de saint Vallier. Les Princes ne font pas comme les autres hommes, ils ont un certain charactere qui les fait aymer & craindre, & ce seroit un crime à la beauté des femmes de se faire une vertu de leur resistance. Marguerite de Sassenage vivoit encore l'an 1462. car le 10. de Mars de cette année, elle albergea quelques fonds à Noble Antoine Masson du lieu de Crolles. Elle avoit eu d'Amblard de Beaumont son mary.

1. Amblard qui fut heritier de son pere, & mourut sans enfans, comme dit Guy Pape decis. 81. & conss. 140.

2. Aymon a continué.

3. Iean Abbé de Boscodon l'an 1473.

4. Ieanne Religieuse à Monsleury.

AYMON de BEAUMONT, II.
du Nom Seigneur de Beaumont, du Touvet & de Montfort.

XIV. Degré.

Amblard son frere mourut l'an 1470. & celuy-cy recüeillit sa succession. C'est ainsi qu'en parle le Jurisconsulte Guy Pape ; mais il se trompe de dire qu'Amblard qui avoit épousé la Sassenage ne laissa point d'enfans. La femme de cét Aymon ne m'est pas connuë. Il eut pour fils.

JAEN de BEAUMONT,
Seigneur de Beaumont du Touvet & de Montfort.

XV. Degré.

Le Pere Hilarion de Coste dans les Eloges des Dauphins, & Monsieur le President Expilly dans le supplément à l'histoire du Chevalier Bayard, disent, que celuy-cy se signala en la journée de Marignan l'an 1515. où les Suisses furent défaits par François premier. Il avoit déja marché en un arriereban de l'an 1495. & en un autre de 1512. où il commanda une brigade. Il laissa pour fils de Madelaine Alleman sa femme, fille de Charles Alleman Seigneur de Laval & de Clemence de Laudun *Alle-man Laudun.*

LAURENT de BEAUMONT,
Seigneur de Beaumont & de Montfort.

XVI. Degré.

Il presta hommage pour Beaumont & pour Montfort au Roy François premier Dauphin de Viennois le 12. de Septembre 1541. Certain particulier l'accusa d'avoir medit de Laurent Alleman Evesque de Grenoble son oncle ; il s'en pleignit tout haut devant le Gouverneur où il fit

D d iij

une efpece de défy pour fon innocence. La piece eft affez curieufe pour eftre donnée au public.

DOVBLE DU DIRE,

QUE LE SIEUR DE BEAUMONT en Dauphiné a dit & prononcé de fa bouche à Monfeigneur de Maugiron Chevalier de l'Ordre du Roy · Capitaine de cinquante Hommes d'Armes de fes Ordonnances, & fon Lieutenant General en Dauphiné & Savoye, en l'abfence de Monfeigneur le Duc de Guife, en prefence des Gentils-hommes, & autres cy-apres nommez.

Monfieur, avec voftre licence je vous fupplie bien humblement, & toute cette honorable Compagnie, avoir cette opinion de moy, joint que je dis que tous ceux ou celuy qui ont dit & malheureufement controuvé que j'euffe dit que ce que le Fontunas avoit mis fur à Monfieur de Grenoble mon oncle, eftoit vray. Ils ont malheureufement & méchamment menty par leur poltronne & méchante Gorge, & mentiront toutes & quantes-fois qu'ils le diront; & generalement de toute autre imputation qui peut importer & prejudicier mon honneur & reputation. Et quand il plairra à Monfieur de Grenoble ou autre m'en nommer aucun; affeurez-vous, Monfieur, qu'avec la licence du Roy; je luy couperay la gorge, & luy feray vomir fon fang avec fon ame, plus outre que les portes d'enfer, fi c'eft perfonne de mon calibre, & hors de mon calibre, je le feray affommer à un valet; faifant connoiftre à Monfieur de Grenoble qu'il n'euft jamais un plus loyal & fidele parent que moy. Et afin que mon dire demeure ferme & ftable entre les vivans perpetuellement, à la décharge de mon honneur & innocence; je vous fupplie tres-humblement Monfieur pour la confervation de ce qui m'appartient, & à toute ma fuite ordonner

*de voftre bonté, que le tout foit mis & enregiftré en la Chambre
des Comptes de cette Ville, pour m'en fervir en temps & lieu,
comme le devoir le me commandera, aux proteftations que fi aucun de gayeté de cœur me voyant enquefté de mon accufateur prit
opinion, dire ou penfer que je me voulufje faire accroire chofe qui
fut dependente du fujet de cette malheureufe orde & fale imputation ny autres; ils ont menty & mentirent toutes & quantes-
fois qu'ils le diront, refervant toûjours en tout & par tout l'honneur & reverence que je dois à Monfieur de Grenoble mon oncle,
fauf qu'en premier lieu luy plaife m'eftimer homme de bien,& que
je ne luy fis jamais tort, & concluant à toutes fins; Voicy mon dire par efcrit tiffu & figné de ma propre main, lequel bien humblement je vous prefente aux prerogatives de mon droit.   Signé,*
BEAVMONT.

LE deuxiéme jour de Fevrier 1554. le dire & propos contenus cy-deffus,ont efté dits & prononcez par la bouche du Seigneur de Beaumont, parlant à Monfeigneur de Maugiron Chevalier de l'Ordre du Roy, Capitaine de cinquante Hommes d'Armes de fes Ordonnances, & fon Lieutenant General en Dauphiné
& Savoye, en abfence de Monfeigneur le Duc de Guife, Monfeigneur de Maugiron eftant en une des Chambres de la maifon de
la Treforerie de Grenoble, appellée la Chambre du Roy,en la pré-
fence de Monfieur de Breffieu Monfieur de Ribiers, le Seigneur
du Pont, le Seigneur de Montoifon, le Seigneur de Preffins, le
Prieur de faint Iean, le Seigneur de Chafteauvillain, le Prieur de
Vorepe, le Grand Prieur de faint Antoine,le Prieur de Chafteau-
double, le Chanoine de Iarjaye, le Chanoine de Beau-Chafteau,
le Capitaine Mas, les Seigneurs du Paffage & de Serrieres, le
Chanoine de Chiffé, le Capitaine Barbieres, le Seigneur de l'Ar-
thaudiere, le Seigneur de Sablieres, le Seigneur de Dernin,le Sei-
gneur de la Tivoliere, le Seigneur du Gua, le Seigneur de Mof-
fonas, le fils du Seigneur de Serrieres, le Seigneur du Chaftel'ard,
le Seigneur du Chaftél, le Seigneur de la Tour-du-Pin, le Seigneur de Roffet, le Seigneur de Charpey, le Seigneur de Neyrol-

les, le Seigneur de Vasilieu, le Pillon & Saint Mury, & plusieurs autres, tant Ecclesiastiques, que Nobles, &c.

Extrait des Registres de la Chambre des Comptes, Collationné par moy Conseiller, premier Secretaire du Roy en icelle. Signé, MOLARD.

Terrail. Genost.

Ce Laurent eut de Marguerite Terrail sa femme, fille d'Yves de Terrail, & de Loüise de Genost.

LAURENT de BEAUMONT

XVII. Degré. II. Seigneur de Beaumont., de Montfort & de Crolles.

Qui presta hommage au Roy Henry le Grand le 16.de Fevrier 1584. Ceux qui ont suivy ce Laurent ayant passé en Languedoc ; je n'ay pû avoir des titres ny des connoissances necessaires pour leur donner icy leur rang. Le Seigneur de Pompignan chef de cette branche en ce païs-là pourra peut-estre un jour m'en apprendre la descendence: alors je la donneray au public.

BEAVMONT LA FRETTE
II. BRANCHE,

ARTAUD de BEAUMONT

X. Degré. II. du nom, Chevalier Seigneur de la Frette,

Fils d'un autre Artaud de Beaumont premier du nom Seigneur de Beaumont & de la Frette, se signala à la ba-

taille de Varey l'an 1325. que Guigues Dauphin gaigna
sur le Comte de Savoye. Il fut present à l'hommage que
le Dauphin Humbert II. rendit au Chapitre de l'Eglise
de Nôstre-Dame de Grenoble le 9. d'Avril 1340. Il fut
pourveu de la Chastelenie ou Gouvernement du Bourg
de Moyranc par le mesme Dauphin apres le transport de
Dauphiné au fils aisné de France l'an 1343. Il presta
hommage au Dauphin Charles, de cette Chastelenie le
28. d'Aoust 1349. apres que le Dauphin Humbert le luy
eut ordonné, car il refusa d'abord de le rendre qu'à son
ancien Maistre. Il eut pour enfans de Polie de Chabrillan sa femme, fille d'Amé de Chabrillan Seigneur d'Au- *Chabril-*
tichamp, & sœur d'Aymard & d'Amedée de Chabrillan. *lan.*

1. Imbert dont je feray mention.
2. François a fait branche.

IMBERT de BEAUMONT

XI. Dégré.   III. du nom, *Chevalier Seigneur de*
la Frette.

L'enqueste que du Chesne allegue dans les preuves
de la Genealogie de la maison de Poitiers, porte que Loüis
de Poitiers Comte de Valentinois paya à Messire Imbert
de Beaumont la somme d'onze cens florins d'or pour l'a-
chapt de la part de la terre de Chabrillan, qui avoit appartenu à la mere de cet Imbert. Il la vendit pour payer
sa rançon, ayant esté fait prisonnier en Guyenne
par les Anglois, contre lesquels il estoit allé sous
ce mesme Loüis de Poitiers qui y mena des Troupes avec
Aymar son fils. Ce Comte à son retour eut guerre avec
cet Imbert de Beaumont, Amaury de Severac,
& plusieurs autres Seigneurs environ l'an 1376. qui se termina par l'entremise de l'Evesque de Valence. Imbert
eut pour femme Peronette de Cordon fille de Rodolphe *Cordon:*
Seigneur de Cordon, & de Marie de Duyn; & pour enfans. *Duyn.*

E g

1. François qui suit.
2. Artaud.

FRANÇOIS de BEAUMONT

XII. Degré.   *Chevalier Seigneur de la Frette & du Fayet.*

Le dernier d'Octobre 1413. il fit hommage au Dauphin, des biens qu'il avoit à Theys, à la Pierre & à Domene. Il marcha à l'arriereban commendé par Henry Baron de Saffenage l'an 1424. & combatit à la bataille de Verneüil, où moururent 300. Gentilshommes de Dauphiné. Il laissa un fils nommé comme luy, d'Aynarde de Guiffrey sa femme, fille de Noble Antoine de Guiffrey Seigneur de Boutieres, & d'Antoinette Bompar. Cette Guiffrey mourut l'an 1408.

Guiffrey Bompar.

FRANÇOIS de BEAUMONT

XIII. Degré.   *II. du nom, Seigneur de la Frette, Baillif du Graisivodan.*

Fut nommé tuteur de Guillaume de Beaumont son parent fils de Loüis de Beaumont Seigneur de Pellafol dans le testament de ce Loüis de l'an 1439. Il fut pere de

XIV. Degré   ### CLAUDE de BEAUMONT
Seigneur de la Frette.

Qui fut témoin au contract de mariage de Noble Pierre de Bompar avec Anne de Briançon du 5. de May 1474. & mourut sans alliance. Il s'estoit signalé en Flandre où il avoit suivy le Dauphin Louys.

BEAVMONT PELLAFOL,

ET CONTINUATION D'AUTICHAMP.

III. BRANCHE,

QVI BRISE SES ARMOIRIES D'VNE COVRONNE D'OR

EN CHEF.

FRANCOIS *de* BEAUMONT,

XI. *Degré* Seigneur de Pellafol & de la Bastie-Rolland.

Nommé fils d'Artaud de Beaumont Seigneur de la
Frette dans un hommage qu'il fit au Dauphin le 17. de
Juillet 1356. pour la terre de la Bastie-Rolland, qui avoit
esté autrefois de Humbert de Rochefort, Chevalier Seigneur de Pellafol, & qu'il avoit acquise d'Arnaud de Rochefort & de Luquete sa femme. Il fut l'un de ceux qui
suivirent le Dauphin Charles lors qu'il passa en Dauphiné pour y lever des trouppes l'an 1350. en faveur du Roy
Jean son pere contre les Anglois, Polie fut sa femme, la
moitié de la terre de Monteilliez lùy appartenoit; car elle
estoit de la maison de Monteilliez, esteinte dépuis long-
temps, & fille de Ponson Seigneur de Monteilliez. Louys
de Villars Evêque de Valence declara cette moitié, commi-
se en sa faveur faute d'hommage; mais Beaumont s'opposa à ce commis au nom de sa femme, & à la fin il y eut
un accord entre l'Evesque & luy le 17. de Mars 1368.
par lequel la terre demeura à Beaumont qui la reconnut
le même jour en faveur de ce Prelat. Il revendit cette ter-

Monteil-
liez.

E e ij.

ré à François de Sassenage l'an 1367. Il eut encore un autre different avec ce Seigneur de Sassenage pour la deci-
sion duquel ils compromirent entre les mains de la Loupe
Gouverneur de Dauphiné le 7. de Novembre de la même année. La terre de Pellafol luy écheut en vertu de la
substitution apposée au testament de Humbert de Rochefort Seigneur de Pellafol son oncle du 17. d'Aoust 1349.
Il eut pour fils.

IMBERT de BEAUMONT, III.

XII. Degré.   du Nom, Chevalier Seigneur de Pellafol
                   & d'Autichamp.

Il fut l'un de ceux que le Comté de Valentinois donna
peur cautions, sur l'execution d'un traité qu'il fit avec le
Seigneur de saint Vallier son cousin, l'an 1416. Lorsque
Geoffrey le Maingre dit Bouciçaut se maria avec Isabelle
de Poitiers fille du Comte de Valentinois l'an 1421. dans
le contract de mariage il y eut plusieurs personnes de consideration, parmy lesquels celuy-cy est nommé. Ce fut
l'un des témoins ouys en l'enqueste rapportée par du Chesne de laquelle j'ay parlé cy-devant ; & qui fut faite la même année, voicy comme il est qualifié. *Noble homme Messire
Imbert de Beaumont Chevalier Seigneur de Pellafol demeurant
à Hautichamp, laquelle terre de Pellafol est assise en la Comté
de Valentinois.* Il y est appellé cousin du dernier Comte de
Valentinois avec lequel il avoit long-temps demeuré. Il
combattit avec honneur à la bataille d'Anton l'an 1429.
où le Prince d'Orange fut défait & contraint de passer le
Rône à la nage armé de toutes pieces sur son cheval. Il
eut pour enfans.

1. Imbert qui suit.
2. Aynard a fait branche.
3. Guillaume laissa un fils nommé Guillermin.
4. Caterine mariée à Noble Jacques de Bompar.

Bompar

IMBERT *de* BEAUMONT, *II.*
XIII. Degré. *du nom, Seigneur de Pellafol, de Rochefort, d'Autichamp & des Marches.*

Bruniſſande de Cornillan fut ſa femme. Elle eſtoit fille de Pierre, Seigneur de la Beaume-Cornillane & Conſeigneur de Vinſobres. Il la nomme dans ſon teſtament du 5. de Novembre 1436. duquel il fait executeurs, Reynaud Alleman Seigneur de ſaint George, & Louys de la Baume Seigneur de Suze. Il y fait mention d'Aynard de Beaumont ſon frere & de ſes enfans. La même année & le 23. de May, Louys fils aiſné du Comte de Savoye luy infeoda la terre des Marches en toute juſtice, pour recompence des ſervices qu'il avoit rendu à l'Eſtat de Savoye. Voicy ſes enfans.

1. Louys qui aura ſon chapitre.
2. André a fait branche.
3. Marie.
4. Louyſe.
5. Françoiſe.
6. Lucque Religieuſe au Monaſtere de Saletes.
7. Antoinete Religieuſe en celuy de ſaint Juſt.
8. Polie épouſe de Jean Alleman Seigneur de Sechilinne.

LOUYS *de* BEAUMONT,
XIV. Degré. *Seigneur de Pellafol, des Marches & de Barbieres.*

Celuy-cy mourut trés-jeune, & ne ſurveſcut ſon pere que de peu d'années. Il teſta le 2. d'Octobre 1439. & de Louyſe de Grolée ſa femme, fille d'André de Grolée Seigneur de Paſſin & de Beatrix de Geneve, il laiſſa

1. Jean Seigneur de Pellafol l'an 1474.

E e iij

2. Guillaume a continué.

GUILLAUME de BEAUMONT, II.
XV. Degré. *du Nom, Seigneur de Pellafol, de Barbleres, des Marches, & de la Baftie-Rolland.*

Aprés la mort de fon pere, il fut mis fous la tutelle de Louyfe de Grolée fa mere & de François de Beaumont Seigneur de la Frette fon coufin; mais ce François de Beaumont eftant venu à deceder, l'adminiftration de ce Guillaume fut donnée à Artaud de Beaumont auffi fon parent, par acte du 26. de Juin 1446. Il contracta mariage le 16. de Juin 1460. avec Antoinette Alleman, fille *Alleman* de Noble Aymon Alleman, Seigneur de Champs & de *Menthon* Tolignan, & de Clarie de Menthon. Il eut de grands differents avec Aymar de Poitiers Seigneur de faint Vallier touchant quelques interefts de famille. Ils furent terminez par tranfaction du xj. d'Aouft 1469. dans laquelle il eft fait mention de Louys de Beaumont, & d'Imbert de Beaumont pere & ayeul de ce Guillaume: lequel vefcut long-temps & tefta l'onziéme d'Avril 1515. ayant eu pour enfans,

1. Guillermin Seigneur des Marches mourut avant fon pere & vendit cette terre à Aynard de Cordon l'an 1482.

2. Claude qui fera la matiere du degré fuivant.

Bellecõ- 3. Claire époufe de Noble Philippes de Bellecombé, *be.* Seigneur du Touvet.

4. Jeanne Religieufe au Monaftere de faint Veran au de là des Murs d'Avignon.

S. André 5. Louyfe mariée à Noble André de faint André.

CLAUDE *de* BEAUMONT,

XVI. Degré *Seigneur de Pellafol, de la Baſtie Rol-*
land & de Barbieres, & Conſeigneur
de Veynes.

Il contracta mariage le 10. de May 1498. avec Ragonde
d'Utre, fille de Noble Jordan d'Utre, Conſeigneur d'Ut- *Utre.*
re. Il ſuivit le Roy Charles VIII. en Italie avant que d'ê-
tre marié, & Jean Rabot ſon beau frere ayant eſté fait
Chancelier de Naples l'attira encore delà les monts, où il
mena une compagnie de ſoixante Arbaleſtiers. Il fit ſon
teſtament le 8. d'Octobre 1516. dans lequel il nomme
pour ſes enfans.

1. Jean Seigneur de la Baſtie Rolland dont il preſta
hommage au Roy Dauphin le 15. de Juillet 1544. il mourut ſans enfans.

2. Antoine a continué.

3. Claude.

4. Olivier.

ANTOINE *de* BEAUMONT,

XVII. Degré. *Chevalier Seigneur de Barbieres, d'Au-*
tichamp, de la Baſtie-Rolland & de Pel-
lafol.

Le 28. d'Avril 1555. il contracta mariage avec Marguerite de Monteux fille de Noble Hyerôme de Mon- *Monteux*
teux Chevalier Seigneur de Miribel, habitant à ſaint An- *Garnier.*
toine en Viennois, & de Françoiſe Garnier. Il eut la terre d'Autichamp par le decez ſans enfans maſles, d'Imbert de Beaumont dont je parleray en la branche ſuivan-
te : & ce en vertu des ſubſtitutions appoſées au teſtament
d'Imbert de Beaumont, l'un de ſes ayeuls de l'an 1436. Il
fit le ſien le 7. d'Octobre 1569. où il nomme pour
ſes enfans.

1. Gaspard dont-il fera parlé.
2. Madelaine.
3. Françoife.
4. Antoinette.

GASPARD *de* BEAVMONT
XVIII. Degré. *Seigneur d'Autichamp & de Barbieres.*

Vilette.   Son alliance fut avec Antoinette de Vilette, fille de Noble Charles de Villette Seigneur du May; & d'Ayma-
Sauvain. re de Sauvain, par contract de mariage du 16. de Novembre 1578. Il a testé le 8. d'Octobre 1600. & laissé pour enfans.

   1. Loüis Seigneur de Barbieres & de Pellasol.
   2. Charles Seigneur d'Autichamp.
   3. Antoine aura son chapitre.
   4. Jean-Claude Seigneur de Miribel marié avec
Alleman Loüise Alleman fille de Noble Gaspard Alleman baron
Bouliers d'Vriage, & de Marguerite de Bouliers.
   5. Loüise.

ANTOINE *de* BEAVMONT
XIX. Degré. *II. du nom Seigneur d'Autichamp & de Roches.*

Florence   Le premier de Septembre 1609. il prit pour femme
Vaux. Françoise de Florence fille de Noble Guichard de Florence sieur de Gerbeys & d'Heleine de Vaux. Ils ont testé conjointement le 6. de Septembre 1640. Voicy leurs enfans.

   1. François qui suit.
   2. Charles a fait branche.
Pourroy.   3. Anne mariée à Noble Paul Pourroy Vicenechal de Crest.
Laube.   4. Heleine femme de Noble Jean de Laube Seigneur

FRANCOIS *de* BEAUMONT, *II.*
du Nom, Seigneur d'Antichamp & de
Roches.

XX. Degré.

Il a pour femme Louyse-Olimpe de Breffac, fille de *Breffac* Noble Henry de Breffac Baillif de Valence & de Justine *Coftaing* de Coftaing. Il l'a époufée le 9. de Juillet 1644. Ses enfans font.

1. Charles a fervy cinq ans de Lieutenant de la Meftre de Camp dans le Regiment de Cavalerie de Villeneuve, en Catalogne.

2. François a efté Page du Roy dans la grande Efcuyrie, & a fervy de Cornette dans le même Regiment de Villeneuve, où il eft actuellement Lieutenant.

3. Jofeph eft Ecclefiaftique.

4. une fille.

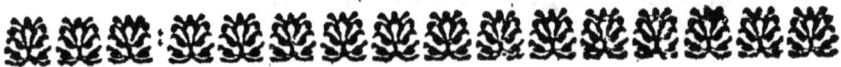

BEAVMONT DE MIRIBEL,
IV. BRANCHE.

CHARLES *de* BEAUMONT,
Seigneur de Miribel, d'Onay & de S.
Chriftophle, Capitaine de Cavalerie
au Regiment d'Harçourt, & Gouver-
neur pour le Roy du Chaftcau & de la
Ville d'Angers.

XX. Degré.

Il a fervy le Roy dans fes armées dépuis l'année 1639. Il commança dans le Regiment d'Infanterie du Comte

Yſ

d'Harcourt, dans lequel par plusieurs actions d'honneur il
acquit dabord beaucoup d'estime dans l'esprit de ce
Prince: qui luy procura ensuite une Compagnie dans son
Regiment de Cavalerie: où il a esté 21. ans. Il fut blessé estāt
la teste de sa Compagnie au combat de Laurens en Catalogne l'an 1645. où l'armée ennemie fut défaite, & où
le Marquis de Mortare General Espagnol fut fait prisonnier. Il receut encore une blessure au siege de Lerida en
1646. & son courage l'ayant porté souvent en des occasions perilleuses, il eut trois chevaux tuez sous luy. En
1647. le même Regiment ayant esté obligé de soûtenir
une vigoureuse attaque des ennemis sur le canal de Nieu-
port, il se vit presque seul de tous les Capitaines à faire
ferme & à essuyer le feu de deux mille Cavaliers. Cette
action obligea le Cardinal Mazarin de parler de ce Regiment avec éloge & de luy envoyer cent chevaux pour
remonter ceux qui avoient perdu les leurs en cette occa-
sion. En 1648. il donna des marques de son courage à la
bataille de Lens où du premier choc les Capitaines qui
estoient avant luy ayant esté tuez ou blessez, il se vit à la
teste du Regiment, & obligé de le commander. Le Prince
de Condé sous qui cette memorable journée fut si avan-
tageuse à la France, luy ayant ordonné de charger les ennemis en sa presence, il le fit avec un succez si heureux,
que ce Prince en écrivit au Comte d'Harcourt en des termes qui luy firent connoistre que ce Capitaine y avoit
fait son devoir. En 1650. & 1651. il fit la charge de Mareschal de logis general de la Cavalerie aux guerres civilles de Guienne avec toute la confiance de son Mestre
de Camp, qui comme chacun sçait commandoit l'armée
du Roy. Ce General l'envoya à Poitiers pour rendre
compte à la Reyne Mere du succez de l'armée Royalle.
Sa Majesté en fut tres-satisfaite, & après luy avoir fait
connoistre que ses services luy estoient agreables elle luy
donna une chaisne d'or avec une medaille. En 1652. &

1653. il fut employé par le mémé Comté d'Harcourt,
pour negotier fon accommodement avec le Roy. Cét im-
portant employ dont il s'acquitta avec beaucoup de pru-
dence & de conduite, fit, que Pietre Seguier qui eftoit alors
miniftre d'Eftat, & qui a efté enfuite Chancellier de France, luy dit de la part du Roy que le Comte d'Harcourt ne
pouvoit pas choifir un Agent plus fidelle, plus fage &
plus propre à une femblable negotiation, de laquelle fa
Majefté eftoit parfaitement fatisfaite. Ce fut alors qu'il
fut envoyé en Catalogne pour y commander le mémé
Regiment, ce qu'il a continué jufques à la paix des Py-
renées. Sur la fin de 1666. le Comte d'Armagnac Grand
Efcuyer de France, & Gouverneur d'Anjou, le demanda
au Roy pour eftre fon Lieutenant au Gouvernement
particulier de la Ville & du Chafteau d'Angers : ce qu'il
obtint facilement, & mémé fa Majefté qui connoîft parfaitement tous ceux qui l'ont fervy long-temps & avec
zele, fe refouvint agreablement de luy & de fes fervi-
ces, témoigna que c'eftoit la moindre récompenfe qu'il
pouvoit efperer, que le Comte d'Armagnac luy avoit
fait plaifir de luy propofer un vieux Capitaine qu'il affec-
tionnoit, & ordonna à mémé temps qu'outre fes appointe-
ments on luy donnaft une penfion de cinq cent efcus. Il
eft prefentement en ce pofte fi avantageux & cheri de
tout le monde en ce pays-là, à caufe de fa vertu & de fon
merite. Il a eu deux femmes, la premiere nômée Louyfe de
Roftaing, fille de Jacques de Roftaing & d'Efperance d'Yfe- *Roftaing*
rant, & la deuxiéme Françoife de Jony, fille d'Antoine de *Yferand.*
Jony & d'Emerentiane de Chabert. Il a eu de la premiere *Jony.*
Chabert

    1. Jean-Claude Moufquetaire du Roy en 1675. Cor-
nette de Cavalerie de Monfieur le Grand en 1676. puis fon
Lieutenant. Il a fervy jufques à la paix de Nimégue.

    2. Jofeph a efté Page de la grande Efcuyrie, puis Cor-
nette de Cavalerie à la place de fon frere, & a fervy jufques à la même paix.

    3. Louyfe-Olimpe.

BEAUMONT
ANCIEN AVTICHAMP.
V. BRANCHE.

XIV. Degré.

ANDRE' de BEAUMONT,
Seigneur d'Autichamp , & de la
Roche de Grane.

Deuxiéme fils d'Imbert de Beaumont quattriéme du
nom, Seigneur de Pellafol , de Rochefort & d'Autichamp.
Il eut la terre d'Autichamp pour son appanage, dans le testament de son pere de l'an 1436. & ¡ acquit celle de la
Roche de Grane, dont il est dit Seigneur en une revision
de feux de l'an 1474. Il avoit combattu lors de l'arriereban commandé par Jaques Baron de Sassenage l'an 1465
& acquis beaucoup de reputation à la bataille de Mont-
lery où cinquante-quatre Gentilshommes de Dauphiné
Alinges. furent tuez. Il eut pour femme Françoise d'Alinges , &
pour enfans

    1. Imbert Seigneur d'Autichamp , qui n'eut qu'un fils
naturel duquel je décriray la branche à la fin des autres.

    2. Guy a continué.

    3. Philippes Chanoine de Valence, Seigneur de Hau-
tefort & d'Auriple.

Disimieu   4. Soffrée marié à Claude de Disimieu,

XV. Degré   GUY de BEAUMONT,
Seigneur d'Autichamp.

Vivoit l'an 1484. comme il se justifie par le testament

que fit Imbert son frere cette année là où il parle de luy, & par une transaction que firent ses petites filles, de laquelle je parleray à la suite. Son alliance ne m'est pas connuë. Il eut pour enfans.

1. Imbert qui suivra.
2. Michelete Religieuse à Monisleury.

XVI. Degré IMBERT de BEAUMONT, V. du Nom, Seigneur d'Autichamp.

Fut marié deux fois, la premiere avec Gilete de Sassenage, fille de François de Sassenage Seigneur du Pont, & de Guicharde d'Albon, ce qui se justifie par des Lettres Royaux de l'année 1544. impetrées par cét Imbert où cette alliance est alleguée. Il n'en eut aucune posterité. L'autre femme fut Benoîte de Chabert, fille de Jacques Chabert Seigneur de la Roche, & d'Heleine Cornillan. Il en eut trois filles, qui transigerent le premier de May 1562. avec Antoine de Beaumont Seigneur de Barbieres touchant la terre d'Autichamp pretenduë par celuy-cy. Il est dit dans l'acte qu'Imbert de Beaumont Seigneur de Pellafol & d'Autichamp avoit laissé pour enfans Louys & André, que cét André avoit esté pere de Guy, que Guy avoit eu Imbert pour fils, & que ce dernier Imbert n'avoit laissé que trois filles nommées

1. Jeanne femme de Noble Jean de Salignon.
2. Charlote épouse de Noble Jean de Fay.
3. Anne.

Sassenage.
Albon.

Chabert Cornillan.

Salignon Fay.

BEAVMONT DES ADRETS.
VI. BRANCHE.

AYNARD de BEAVMONT,
XIII. Degré. *Seigneur de Saint Quentin, des Adrets & d'Vrtieres.*

Fils puifné d'Imbert de Beaumont troifiéme du nom, Seigneur de Pellafol & d'Autichamp; se trouve nommé
Alleman au teftament d'Imbert de Beaumont son frere de l'an 1436. il eut pour femme Aymonete Alleman fille de Guigues Alleman troifiéme du nom Seigneur d'Uriage & d'Anne de Chafteauneuf. Il vivoit encore l'an 1450. & fut mis au rang des Nobles de Dauphiné dans une revifion de feux qui fut faite cette année-là. Il eut pour enfans.

1. Jacques de Beaumont Seigneur de faint Quentin qui se dit fils & heritier d'Aymonette Alleman sa mere dans un hommage qu'il presta au Roy Louys XI. Dauphin de Viennois le premier de Decembre 1453. Il avoit époufé
LaTour- l'an 1460. Marguerite de la Tour de Saffenage, fille d'Ay-
Saffena- mar de la Tour de Saffenage Seigneur d'Armieu. Il eut
ge. un fils nommé Reforciat de Beaumont Seigneur de faint
Chiffé Quentin, marié avec Guillemette de Chiffé. Il y eut de cette alliance Laurent Seigneur de faint Quentin qui rendit des preuves de fa valleur aux guerres d'Italie. Il mourut à la bataille de Pavie, & fut pere de Gafpard de Beaumont qui deceda jeune & qui vivoit l'an 1551.

2. Aynard a continué.

3. Louys fieur de la Tour marié avec Gabrielle de Ter-
Terrail. rail, fille de Pierre de Terrail & de Marie de Bocfozel
Bocfozel mourut fans enfans.

4. Gabrielle eut deux marys, l'un nommé Nutrict ou Noutry du Motet, & l'autre Guélix de Menze. *Motet. Menze.*

5. Louyſe.

6. Jeanne Religieuſe à Montfleury.

7. Claudine Religieuſe.

8. Françoiſe femme de Noble Pierre de Montfort. *Mtfort*

XIV. Degré. AYNARD de BEAUMONT, II. du Nom, Conſeigneur des Adrets.

Son alliance ne m'eſt pas connuë. Il tranſigea avec Jacques ſon frere le 22. de Septembre 1460. ils ſont nommez dans l'acte fils d'Aynard, & tous deux ſont qualifiez hauts & puiſſants Seigneurs. Aynard parut dans l'arriereban qui marcha l'an 1495. & y commanda une brigade: eſtant de retour il fit ſon teſtament le 20. de Septembre 1499. Il eut pour enfans.

1. George qui ſuit.

2. Antoine a fait branche.

3. Claude Prieur de Noſtre-Dame de l'Iſle auprez de Lyon.

4. François Abbé de Boſcodon.

XV. Degré GEORGE de BEAUMONT, Seigneur des Adrets.

Jeanne de Guiffrey fut ſa femme. Elle eſtoit fille de *Guiffrey* Noble Sebaſtien de Guiffrey Seigneur de Boutieres, & de Lionnette Artoud. Il laiſſa pour enfans, *Artoud*

1. François dont je feray l'éloge.

2. Gabrielle mariée à Claude de Guiffrey ſieur du *Guiffrey* Freney.

FRANÇOIS de BEAVMONT

II. du Nom, Baron & Seigneur de Adrets, de Theys &c. Gentilhomme Ordinaire de la Chambre du Roy, Colonel des Legionnaires de Dauphiné, Provence, Lyonnois, Languedoc & Auvergne.

Tant que l'on se resouviendra des guerres civilles de la Religion & de la Ligue, on parlera du fameux Baron des Adrets, qui de son temps a esté la terreur des Catholiques, & dont le nom a fait plus de bruit que celuy des canons & des bombes. Monsieur le Président de Thou, Monsieur d'Aubigné & Monsieur l'Abbé le Laboureur dans ses rares Annotations aux memoires de Castelnau, ont parlé de luy, de ses exploits & de sa vie. J'ay composé & fait imprimer son histoire, avec celle de Soffrey de Calignon Chancelier de Navarre, & de Charles du Puy dit le brave Montbrun, en un volume separé ; c'est pourquoy je passeray legerement sur les actions qu'il a faites. Chacun sçait qu'estant mécontant de la Maison de Guise il se declara chef du party Protestant en cette Province ; bien que dans son ame il fût Catholique. Les désordres qu'il fit dans Grenoble, dans Pierrelate, dans Valence, à Orange, au Comtat Venaissin, à Montbrison & ailleurs, furent si violents que tout le monde le craignoit & le fuyoit. Ce fut le premier qui fit establir un Consul Huguenot dans Grenoble, & depuis ce temps-là il y en a eu toûjours un des quatre que l'on y nomme. Il souffrit l'abbatement des Eglises & le pillage de leurs Tresors. Il fit donner aux Huguenots un endroit pour y faire l'exercice de leur Religion, & obligea violemment le Parlement & la Chambre des Comptes d'aller au Presche, les Religieuses de le souffrit & les Religieux de chercher ailleurs des retraites. Il se nommoit Lieutenant du Prince de Condé en l'armée Chrétienne, Gouverneur des compagnies assemblées pour le service de Dieu. Il fut chef des Legionnaires de Dauphiné, Lionnois, Languedoc & Auvergne. Par tout où il passoit, il laissoit des marques de sa cruauté : c'est pour cela que l'Admiral de Chastillon disoit qu'il se falloit servir de luy comme d'un Lyon furieux. Le Baron des Adrets le sçeut, ce qui l'obligea de songer à changer de party, ce qu'il fit ; mais il n'eut pas la même fortune en commandant des Catholiques, comme il l'avoit eüe à la teste des Protestans. On l'accusa d'avoir mal servy le Roy, il s'en deffendit courageusement à Lion en presence de sa Majesté. L'acte est singulier & je l'ay fait imprimer avec sa vie. Il testa le 2. de Fevrier 1586. Sa femme fut Marguerite de Gumin, fille de Jean de Gumin Seigneur de Romaneche, & d'Antoinette de Virieu. Il en eut.

Gumin.

Virieu.

1. Claude mort sans posterité.

2. François deceda de même. Davila dans le livre cinquiéme des guerres civiles de France sous l'an 1572. les appelle, les Colonels Montaumor & Rouvray. L'un d'eux fut tué au massacre de la saint Bartelemy.

3. Susanne épousa en premieres nopces le Seigneur de Tarvanas en Piemont, & en secondes, Cesar de Vauserre pere du Baron des Adrets d'aujourd'huy, qui s'est rendu Catholique il y a peu de temps.

Vauserre

4. Ester contracta mariage le 20. de Juin 1583. avec Antoine de Sassenage Seigneur d'Yseron.

Sassenage.

G g

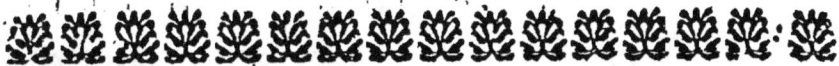

BEAVMONT DV BESSET,
VII. BRANCHE,

XV. Degré. ANTOINE *de* BEAUMONT,
*Conseigneur des Adrets , & Seigneur
de la Tour de Tencin.*

Fils puisné d'Aynard de Beaumont deuxiéme du nom,
contracta mariage le 4. de Fevrier 1526. avec Clau-
Marc. dine Marc, fille de Claude Marc Seigneur de Brion &
Avalon de saint Jayme, & de Jeanne d'Avalon. Il fit son testament le 10. de Juillet 1552. Il eut pour enfans,

   1. Claude a continué.
   2. Ennemond a fait branche.
   3. Antoine Religieux au Monastere de l'Isle-Barbe
auprez de Lion.
   4. Rolland Religieux au même endroit, Prieur de
Gillon.
   5. Anne Religieuse au Monastere de saint Paul d'Y-
seaux.
   6. Marguerite Religieuse à Montfleury.

CLAUDE *de* BEAUMONT,
XVI. Degré. *Seigneur de la Tour de Tencin & Conseigneur de saint Quentin.*

Roche- Jeanne de Rochemure d'une famille d'Auvergne, fut
mure. sa femme, & cette alliance a obligé sa posterité de passer
en cette Province. Il fit son testament le 9. de Novembre
1601. Sa femme fit le sien le 9. de Mars 1623. par lequel

il confte qu'il a eu pour enfans,.

  1. Aynard dont il fera parlé.

  2. Sufanne mariée à Noble Hypolidore de Genton, puis à Noble Eftienne d'Ambel.

  3. Charlote femme de Noble Nicolás de Bectoz, fieur de Vaubonnois.

AYNARD de BEAUMONT,

XVII. Degré.   *III. du Nom, Seigneur de Beffet & Con-feigneur de faint Quentin.*

Il habitoit au Beffet Parroiffe de la Befferie-faint-Mury, au Diocefe de faint Flour : ce qui fe tire d'une donation qu'il fit le 18. de Decembre 1630. à Cecile de la Garde du Vernet fa femme, de laquelle il a laiffé pour enfans, *la Garde*

  1. Marc dont je feray mention.

  2. Marie femme de Noble Marc de faint Germain, *S. Ger-* fieur de Champes l'au 1631. *main*

MARC de BEAVMONT,

XVIII. Degré.   *Seigneur du Beffet , d'Alene & de Signon & Confeigneur de Saint Quen-tin.*

Il eft vivant l'an 1680. & demeure en Auvergne.

BEAVMONT S. QVENTIN.
VIII. BRANCHE.

ENNEMOND de BEAVMONT,
XVI. Degré. Sieur de l'Isle & Conseigneur de Saint Quentin.

Fils puîné d'Antoine de Beaumont Seigneur de la Tour de Tencin & de Claudine Marc, transigea le 6. de Janvier 1588. avec Claude son frere & Susanne de Beaumont Dame des Adrets & de Tarvanas, sur la succession d'Aynard de Beaumont ayeul & bisayeul des parties. La femme d'Ennemond fut Louyse Ravier, de laquelle il parle dans son testament du 14. de Decembre 1607. Il fut pere de

Ravier.

1. Rolland qui suit.
2. Claude.

ROLLAND de BEAUMONT,
XVII. Degré Sieur de l'Isle.

Ferrand-Teste.

Epousa le 3. de Juillet 1586. Ieanne Ferrand-Teste, fille de Noble Leonard Ferrand-Teste sieur de la Modriniere. Il mourut avant son pere aprés avoir testé le 24. de Ianvier 1606.. Voicy ses enfans.

1. Pierre qui aura son chapitre.
2. Guillaume.
3. François.
4. Susanne Religieuse à Montfleury.
5. Marie femme de Noble Baltesard Pourret.
6. Diane.

Pourret.

7. Gabrielle.

8. Eleonor mariée à Noble Jean-François de la Meerie *Meerie.*

PIERRE *de* BEAUMONT,

XVIII. Degré. *Seigneur de l'Isle & de la Modriniere,*
Conseigneur de Saint Quentin.

Le premier de Novembre 1623. il contracta mariage
avec Anne de Jouffrey, fille de Noble Guillaume de *Jouffrey.*
Jouffrey & de Barbe de Chaillol. Il presta hommage au *Chaillol*
Roy Dauphin en la Chambre des Comptes de Dauphiné
le 11. de Juin 1645. & testa le 25. de Juillet 1663.
laissant pour enfans,

1. Guillaume qui a continué.

2. Rolland sieur de Beaumont a épousé en premieres
nopces Felicienne des Isles, & en secondes Madelaine *des Isles.*
de Genas. Il a servy 25 ans : premierement en qualité de *Genas.*
Capitaine d'Infanterie dans le Regiment de Sully, puis
Lieutenant de la Mestre de Camp au Regiment de Cavalerie de la Marcousse, & ensuite Capitaine au même Regiment.

3. Louys sieur de Montaut a eu pour femme ....
Pourret de Brunieres, a esté 15. ans au service du Roy *Pourret.*
dans ses Armées en qualité de Cornette, puis de Lieutenant au même Regiment de la Marcousse. Il est decedé
& a laissé deux fils & une fille.

4. Antoine sieur de saint Pierre a aussi servy plus de
10. années, a esté Cornette, puis Lieutenant au Regiment de Cavalerie de saint Cierge.

5. Jean Chanoine & Sacristain de Revesty.

6. Baltesard, Capitaine dans le Regiment Royal de
la Marine, sert actuellement, a esté aux guerres de Hon-
grie,& fut a la bataille de Raab & paroit dépuis plus de dix
ans dans les Armées du Roy.

7. Claude Religieux de l'Ordre de saint Antoine.

8. Dominique Religieux au même endroit.

GUILLAUME de BEAUMONT,

XIX. Degré.   *Sieur de l'Isle & Conseigneur de Saint Quentin.*

Il a épousé Françoise de Bernieres, fille de Noble Louys de Bernieres & de Marguerite de Montagnac. Il a un fils & deux filles.

Bernie-
res.
Monta-
gnac.

***

BEAUMONT
BASTARD D'AVTICHAMP.
IX. BRANCHE.

IMBERT de BEAUMONT,

XV. Degré.   *V. du Nom, Seigneur d'Antichamp.*

Fils aisné d'André de Beaumont Seigneur d'Auti-champ & de Françoise d'Alinges, ne fut point marié, & mourut dans la Ville d'Arras où il estoit en garnison en qualité de gendarme du Roy. Il testa dans la même Ville le 27. d'Octobre 1484. il veut estre enterré en l'une de ses Eglises nommée de sainte Croix, il fait son heritier Guy son frere, il nomme executeurs de son testament Jacques Gaste, Jean Grinde, Guillaume Guyon, & Jean de Blayn Seigneur du Poët, & il dit qu'il avoit un fils naturel nommé

XVI. Degré. LOUYS de BEAUMONT,

Lequel eut pour femme Elifabeth Arnoux, comme il fe tire d'un contract obligatoire qu'ils pafferent le 5. d'Octobre 1538. Ils eurent pour enfans

1. Iacques qui fuit.
2. Marie.

XVII. Degré. JACQUES de BEAUMONT,

Fût l'un des plus braves Capitaines de fon temps, & fe rendit celebre fous le nom de Capitaine Beaumont lors des guerres de la Religion. Il époufa le 25. de May 1550 Benoite Barbeyrache. Il tefta le 29. de Janvier 1590. où il nomme Jeanne Valette pour fa deuxiéme femme. Il en eut une troifiéme de laquelle il ne dit pas le nom. Il eut pour enfans,

Du premier Lict.

1. Florent qui a continué.

Du deuxiéme Lict.

2. Louys.
3. Sufanne.

Du troifiéme Lict.

4. Guillaume.
5. Caterine.

XVIII. Degré. FLORENT de BEAUMONT,
Capitaine d'Infanterie.

Il eut une Compagnie d'Infanterie le 25. de Iuillet 1592. Il fit alliance le 29. de Iuin 1597. avec Ieanne d'Urre, fille de Noble Iean d'Urre & de Françoise Guillerme en présence de Nobles Gaspard de Beaumont Seigneur d'Autichamp, Antoine d'Urre sieur de Portes, Ioachim Tournier de Marsane & autres. Ils testerent l'an 1619. & laisserent pour enfans

(marginal note: Vrre. Guillerme.)

   1 Hercules mentionné en son rang.
   2. Antoinete.
   3. Benoite.

XIX. Degré. HERCULES de BEAUMONT,

A laissé de Guillemete Faure sa femme.

XX. Degré. FLORENT de BEAUMONT,
II. du Nom, sieur de Champrond.

(marginal note: Digoine. Cavalhon.)

Qui le 10. de Iuin 1658. a épousé Diane de Digoine fille de Noble Antoine de Digoine, & de Françoise Cavalhon du lieu de Mondragon en Orange.

Cette Branche brise de trois Estoilles d'Or en chef & d'un Croissant montant d'Argent en pointe. Ie dois dire pour la satisfaction de ceux qui en sont, qu'avant un Reglement fait pour cette Province le 2. d'Avril 1602. les fils naturels n'estoient pas moins Nobles en leur personne & en leurs biens que les legitimes.

F I N.

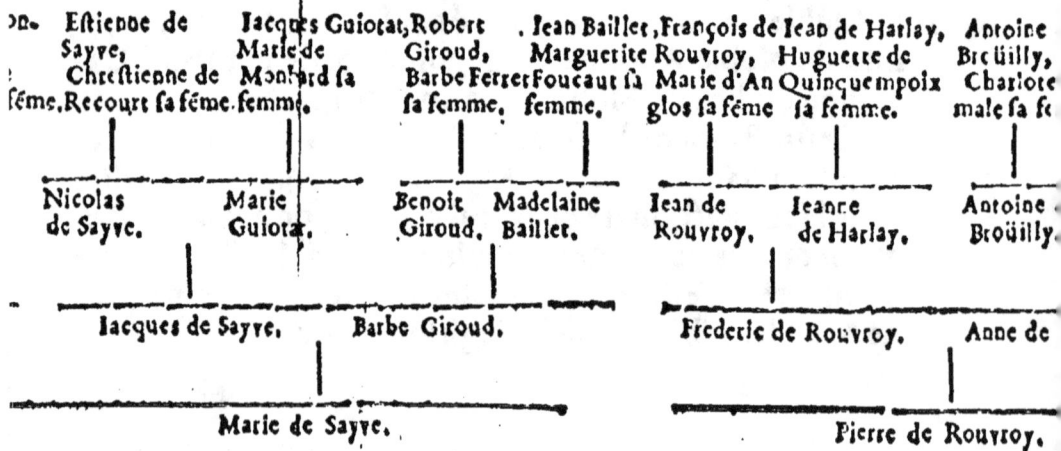

ɔn. Eſtienne de Sayve, Chreſtienne de fême.Recourt ſa féme.	Iacques Guiotat, Marie de Monbard ſa femme.	Robert Giroud, Barbe Ferret ſa femme.	Iean Baillet, Marguerite Foucaut ſa femme.	François de Rouvroy, Marie d'Anglos ſa féme.	Iean de Harlay, Huguette de Quinquempoix ſa femme.	Antoine Breüilly, Charlote male ſa fe
Nicolas de Sayve.	Marie Guiotat.	Benoit Giroud.	Madelaine Baillet.	Iean de Rouvroy.	Ieanne de Harlay.	Antoine Broüilly.
Iacques de Sayve.		Barbe Giroud.		Frederic de Rouvroy.		Anne de
Marie de Sayve.				Pierre de Rouvroy.		
de Chevrieres.						

Iean-Baptiſte de la Croix de Chevrieres, Chevalier, Marquis de Saint Vallier